Dr. I. William Lane
e Linda Comac

TUBARÕES NÃO TÊM CÂNCER

Tradução de
RICARDO ANÍBAL ROSENBUSCH

EDITORA RECORD
RIO DE JANEIRO • SÃO PAULO

CIP-Brasil. Catalogação-na-fonte
Sindicato Nacional dos Editores de Livros, RJ.

L256t
Lane, I. William
Tubarões não têm câncer / I. William Lane, Linda Comac; tradução de Ricardo Aníbal Rosenbusch. – Rio de Janeiro: Record, 1998.

Tradução de: Sharks don't get cancer
Inclui apêndice e bibliografia

1. Câncer – Tratamento alternativo. 2. Cartilagem de tubarão – Uso terapêutico. I. Comac, Linda. II. Título.

98-0074

CDD – 615.535
CDU – 615.85

Título original norte-americano
SHARKS DON'T GET CANCER

Copyright © 1992 by I. William Lane and Linda Comac

Publicado mediante acordo com Avery Publishing Group, Inc., Garden City Park, New York, U.S.A.

Todos os direitos reservados. Proibida a reprodução, no todo ou em parte, através de quaisquer meios.

Direitos exclusivos de publicação em língua portuguesa para o Brasil adquiridos pela
DISTRIBUIDORA RECORD DE SERVIÇOS DE IMPRENSA S.A.
Rua Argentina 171 – Rio de Janeiro, RJ – 20921-380 –Tel.: 585-2000
que se reserva a propriedade literária desta tradução

Impresso no Brasil

ISBN 85-01-04980-8

PEDIDOS PELO REEMBOLSO POSTAL
Caixa Postal 23.052
Rio de Janeiro, RJ – 20922-970

EDITORA AFILIADA

Sumário

Agradecimentos 11
Prólogo 13
Prefácio 17

Introdução 23
1. O tubarão 27
2. Na pista 56
3. Colocando a teoria em ação 79
4. Experiências clínicas 105
5. Outros benefícios 131
Conclusão 153

Glossário 171
Bibliografia 177
Sobre os autores 187

Este livro é dedicado:

A todos aqueles que estão dispostos a olhar além do que é considerado como a norma; àquelas pessoas — tanto profissionais quanto leigas — que correram o risco do ridículo, da perda de *status*, da condenação pelo seus semelhantes, e até de perseguição legal, a fim de avançar um pouco mais e possivelmente alterar o *status quo*.

Àqueles cientistas que desenvolvem novas teorias, tais como a que dá base a este livro, uma teoria desenvolvida pelo eminente cientista, Dr. Judah Folkman, da Nova Inglaterra, assim como os doutores Robert Langer e Patricia D'Amore, pelos quais tenho o maior respeito.

Aos cientistas de mentalidade aberta do mundo inteiro, especialmente aos quatro mencionados neste livro, que na cidade de Bruxelas se dispuseram a concordar com uma idéia que lhes foi apresentada ainda em fase embrionária. As atitudes e cooperação deles permitiram o avanço e o desenvolvimento da idéia em bases sólidas.

A um distinto pesquisador do câncer — um norte-americano de ascendência belga que prefere não ter seu nome mencionado —, que reconheceu o potencial do tema e orientou o trabalho inicial com cartilagem de tubarão.

Finalmente, à memória de Sis, Helen e Maggie — e das incontáveis vítimas do câncer —, para quem esta informação sobre cartilagem de tubarão chegou tarde demais.

Autorizações

As citações da Dra. Patricia D'Amore, nas páginas 21, 60 e 68-9, foram extraídas, com prévia autorização, de *Seminars in Thrombosis and Hemostasis* 14:73-77, © 1988, Thieme Medical Publishers, Inc.
   As citações do Dr. Judah Folkman, nas páginas 21, 75 e 79, foram reproduzidas com autorização a partir de "Antiangiogenesis", em *Biologic Therapy of Cancer*, editado pelos doutores Vincent T. DeVita, Jr., Samuel Hellman e Steven A. Rosenberg, © 1991, J. B. Lippincott Company.
   A citação de Warren E. Leary, na página 56, foi reproduzida com autorização da Associated Press.
   A citação do Dr. John Prudden, na página 67, foi reproduzida, com autorização, de "The Treatment of Human Cancer With Agents Prepared From Bovine Cartilage", *Journal of Biological Response Modifiers* 4:551-584, 1985.
   As citações do Dr. Noel Weidner *et al.*, nas páginas 71 e 73-4, foram extraídas, com prévia autorização, de informação publicada em *The New England Journal of Medicine* 324:1-8, 1991.
   As citações de Arnold I. Caplan, nas páginas 131 e 160, foram reproduzidas com autorização da *Scientific American* 251:84-94, © 1984, por Scientific American, Inc. Todos os direitos reservados.
   As citações do Dr. John Prudden, nas páginas 133 e 146, foram

reproduzidas, com autorização, de *Seminars in Arthritis and Rheumatism* 3:287-321, 1974.

A citação de V. Rejholee, na página 136, foi reproduzida com permissão de *Seminars in Arthritis and Rheumatism* 17:35-63, 1987.

As citações de Thomas H. Maugh III, nas páginas 152, foram reproduzidas, com autorização, da *Science* 212:1.374-1.375, © 1981, da American Association for the Advancement of Science.

A citação do Dr. Louis Lasagna, na página 163, foi reproduzida, com autorização, do "Final Report of the National Committee to Review Current Procedures for Approval of New Drugs for Cancer and AIDS".

Agradecimentos

Sinceros agradecimentos a todo o pessoal do Avery Publishing Group. Sem eles, este livro jamais teria se tornado realidade.

Agradeço especialmente a Rudy Shur, editor-chefe, cuja crença na necessidade deste livro e no "poder das pessoas" foi uma força impulsionadora por trás deste trabalho.

E um afetuoso obrigado para Elaine Will Sparber e Joanne Abrams, editoras, pela paciência, boa vontade quando sob pressão e compromisso com a qualidade.

Obrigado, também, ao Dr. Roger Jacobs, pelo seu apoio, conselho técnico, habilidade com computadores, e por acreditar que o trabalho do cientista é descobrir a verdade.

Prólogo

A quantos enterros você já compareceu este ano, de amigos e parentes que morreram de câncer?

Se você presenciou e viu esses entes queridos sofrerem a tortura dos tratamentos convencionais contra o câncer, pode entender como me senti cheio de alegria anos atrás quando descobri o mundo das terapias alternativas para essa doença. Essas terapias atóxicas, visando fortalecer o sistema imunológico do paciente, têm, em muitos casos, curado pacientes ou prolongado suas vidas e melhorado a qualidade de vida deles.

Mas o que me desencoraja e frustra, como escritor da área de saúde que pesquisa tratamentos atóxicos para o câncer, é a recusa por parte do *establishment* oncológico de investigar tratamentos promissores contra câncer originados fora do próprio *establishment*. Em vez disso, o National Cancer Institute (NCI) e outras repartições do governo preferem rotular tais tratamentos como "não-provados", eufemismo que quer dizer "charlatanismo".

Em seus esforços para desacreditar um tratamento promissor, membros do sistema médico estabelecido não se penitenciaram por ignorar evidência científica, segundo descobriu meu marido quando da publicação de seus artigos a respeito do procedimento Heimlich nos principais jornais médicos, em meados da década de 70. Informações do país inteiro, sobre pessoas sufocadas salvas pela aplicação do mencionado procedimento, foram ridicularizadas pela Cruz Vermelha Americana com a pecha de "anedóticas", enquanto continuava, durante 10 anos, a ensinar o método de dar tapas nas costas, que faz com que o objeto enfiado se aloje ainda mais profundamente na garganta da vítima de sufocamento.

Essa hostilidade do sistema médico com relação aos tratamentos alternativos contra o câncer provém, em parte, da mentalidade NIA ("não inventado aqui"). Como é que pode o NIA justificar seu orçamento anual de um bilhão e quatrocentos mil dólares se uma cura para o câncer tem origem em qualquer outro lugar? Além disso, a utilização de substâncias naturais nesses tratamentos de câncer alternativos é outro elemento desvantajoso. Substâncias naturais (sejam alimentos integrais, enemas naturais ou complementos vitamínicos) não podem ser patenteadas, fazendo com que as companhias farmacêuticas, que bancam enormes quantias em pesquisas médicas, não tenham qualquer interesse em financiar estudos sobre tais substâncias. Organizações de pesquisa governamentais e hospitais universitários estão intimamente aliados à indústria farmacêutica.

Veja-se então a cartilagem de tubarão, substância atóxica natural que se mostrou capaz de inibir o crescimento de tumores, segundo evidenciam estudos de laboratório realizados por eminentes cientistas ao longo de 30 anos. E se os estudos provando que a cartilagem de tubarão é efetiva no tratamento e prevenção do câncer não forem causa suficiente para se comemorar, eles também indicam que uma substância contida na cartilagem de tubarão tem potencial para controlar artrite, psoríase, degeneração macular e outras doenças do envelhecimento.

Soa como a grande descoberta do século, não é mesmo? Só que, sabendo o que vocês sabem agora sobre a turma da medicina e o poder da indústria farmacêutica, creio que concordarão que as chances de a cartilagem de tubarão ser testada, muito menos aceita, pelo *establishment* médico, são mesmo remotas.

Assim, a cartilagem de tubarão bem poderia ter ficado enterrada nas publicações científicas se o Dr. I. William Lane não aparecesse em cena. Lane, uma mistura pitoresca de especialista em biologia marinha, nutricionista e homem de negócios internacionais, mal pôde acreditar no que achou nas torres de marfim. A maneira como Lane, quase sozinho, pôs a cartilagem de tubarão ao alcance de vocês como complemento alimentar é parte desta fascinante história médico-detetivesca. Vocês vão conhecer os fundamentos científicos que explicam por que a cartilagem de tubarão tem tamanho potencial como tratamento de tantas doenças "incuráveis". Vocês também terão uma visão incomum do nosso sistema de atendimento à saúde, a "indústria mais lucrativa" nos Estados Unidos.

O mais importante, porém, se você tem câncer ou quer evitar uma recaída, ou se sofre de artrite ou outra doença incapacitante, ou se tem boa saúde e quer continuar assim, é que *Tubarões não têm câncer* lhe fornecerá a informação que você precisa para melhorar significativamente sua saúde.

Jane Heimlich
Autora de *What Your Doctor Won't Tell You*

Prefácio

Você já percebeu alguma vez algo que mais ninguém conseguiu perceber? Mesmo estando bem ali, na frente do nariz de todo mundo, poucas pessoas parecem ligar para aquilo. Para você, porém, sobressai como um grande letreiro luminoso vermelho. E uma vez que você observou aquilo, nada mais parece igual. O que você viu mudou o rumo da sua vida.

Em 1983 vi algo que acreditei pudesse mudar o curso da terapia do câncer. Eu tive bastante sorte, ao possuir uma rara combinação de base científica e experiência empresarial que me permitiu vislumbrar oportunidades que aparentemente ninguém mais viu.

Minha formação em nutrição, bioquímica e agricultura me levou a envolver-me com a indústria pesqueira, na qual servi finalmente em funções de pesquisa, administração e operação. No final da década de 70, interessei-me particularmente pelo desenvolvimento da pesca do tubarão como indústria. Nessa época, por acaso, tomei conhecimento de uma teoria apresentada por alguns cientistas muito esclarecidos e respeitados, mas não conhecida do público em geral. *Tubarões não têm câncer* foi escrito com a convicção de que a informação sobre o potencial terapêutico e profilático dos produtos derivados de tubarões, informação que já tem gerado grande entusiasmo entre os pesquisadores, deveria ser acessível ao público em geral.

Tem sido meu objetivo central conseguir o envolvimento de outras pessoas — profissionais e leigas — em estudos que creio conduzirão ao controle e prevenção de algumas das doenças mais devastadoras conhecidas pelo homem. Para alcançar esses fins, escolhi percorrer uma estrada que outros, talvez, têm percorrido, mas se viram obrigados a abandonar, e ainda que tenha aberto mão de muita coisa para trilhar essa senda, eu faria tudo de novo. Esperemos que meu trabalho ajude os profissionais da área de saúde a compreenderem que os produtos naturais têm potencial para fazer muito bem. Confio em que eles verão que esses produtos têm sido largamente ignorados enquanto os pesquisadores buscam a pretensa bala mágica.

Apresento a vocês o meu trabalho em *Tubarões não têm câncer*, embora deva admitir que *alguns* tubarões na verdade têm câncer. A quantidade, entretanto, é insignificante; e ainda que *QUASE nenhum tubarão tem câncer* fosse um título bem mais preciso, ficaria muito ruim.

Começarei meu livro apresentando o "herói" da história — talvez do século. Vocês aprenderão tudo a respeito do tubarão — animal muito bem-sucedido — no Capítulo 1. Depois, no Capítulo 2, revisaremos os mais de 20 anos de pesquisa dos quais resulta este livro, a partir da teoria da angiogênese de um pesquisador de Harvard. Ao panorama do que pesquisadores tradicionais têm estado fazendo segue-se, no Capítulo 3, o relato do meu próprio envolvimento na pesquisa, com ênfase especial para o avanço da mesma ao estágio de experimentação clínica. Na descrição das minhas atividades e das de outras pessoas, *Tubarões não têm câncer* pergunta por que se passaram mais de duas décadas antes de uma informação potencialmente capaz de salvar vidas chegar ao público em geral.

No Capítulo 4, vocês vão descobrir que entre pesquisadores, clínicos e pessoas informadas do público comum continua a aumentar o entusiasmo com relação à cartilagem de tubarão. Testes clínicos em mulheres com câncer de mama, do colo do útero, uterino e outros cânceres mortais encontram-se em andamento; novos projetos de pesquisa do câncer com animais e seres humanos estão sendo desenvolvidos quase diariamente nos Estados Unidos, França, Alemanha e Holanda. Trabalho clínico com uso de cartilagem para aliviar a dor associada à artrite em cães e seres humanos já foi publicado na literatura científica. Os estudos feitos até hoje têm sido motivados exclusivamente pelo entusiasmo quanto às possibilidades; os pesquisadores não receberam recompensa alguma pelos seus esforços.

No Capítulo 5, você descobrirá que *Tubarões não têm câncer* é um título que apenas reflete a ponta do *iceberg*. Os tubarões podem provar-se úteis também na prevenção e cura de algumas das outras doenças temidas pelo homem, contra as quais a medicina moderna tem sido notoriamente ineficaz, e em cujo tratamento usam-se procedimentos muitas vezes devastadores, com resultados e efeitos colaterais às vezes mais destrutivos do que as próprias doenças.

Empenhamo-nos em fazer este livro de fácil compreensão para leitores sem conhecimentos científicos. Aqueles que desejarem explanação mais detalhada e científica sobre a pesquisa que vem sendo realizada, acharão uma ampla bibliografia no final do volume. A bibliografia também documenta o alcance e o calibre da pesquisa relativa à angiogênese e seus efeitos sobre o câncer e outras doenças degenerativas. Devo agradecer a compilação de grande parte desta bibliografia ao Dr. Norman Ackerman, professor de cirurgia no New York Medical College, no condado de Westchester, e recentemente aposentado como chefe de cirurgia do Metropolitan Hospital Center de Nova York. O Dr. Ackerman nos forneceu gentilmente os arquivos que reunira enquanto planejava sua própria pesquisa sobre inibição de angiogênese.

Foi preparado um glossário para os leitores que tiverem dúvidas quanto a qualquer um dos termos usados no livro. Os leitores também acharão boxes inseridos espalhados do princípio ao fim do texto. Essas inserções fornecem mais informação a respeito de alguns dos temas tratados no livro.

Quando você tiver acabado de ler *Tubarões não têm câncer*, entenderá por que nunca, ou raramente, são encontrados tumores malignos em tubarões, e de que forma este fato pode ser usado eventualmente para salvar vidas, a sua, leitor, ou a de alguém a quem você ama. Tanto profissionais de mentalidade aberta quanto leigos entenderão rapidamente como a cartilagem de tubarão pode ser usada na cura e tratamento, e provavelmente na prevenção, de muitas doenças temidas. A abordagem terapêutica representa pouco ou nenhum risco para a maioria dos adultos, é de fácil compreensão, e pode ser usada juntamente com outras abordagens que os médicos desejem utilizar.

Se você é uma das inúmeras pessoas que chegaram à conclusão de que a pesquisa sobre câncer nos Estados Unidos parece não dar em nada; se você é um daqueles que viram alguém sofrer com quimioterapia e radiação e morrer assim mesmo; se você é médico praticante ou pesquisador e acredita que deve haver um jeito melhor, *Tubarões não têm câncer* contém informação que você vai querer conhecer.

Dr. I. William Lane
Millburn, New Jersey

(...) a terapia antiangiogênica poderia restringir o crescimento de uma ampla variedade de tumores sólidos sendo ministrada por longos períodos, com baixa toxicidade e baixa probabilidade de resistência à droga.

Dr. M. Judah Folkman
Escola Médica de Harvard
Biologic Therapy of Cancer

O único evento que medeia a permanência de células metastáticas em estado latente e o seu estabelecimento num tumor secundário é o desenvolvimento de vascularização (sistema de vasos sanguíneos). Assim, terapias que visam interferir na vascularização representam estratégias viáveis de antimetástase.

Dra. Patricia A. D'Amore
Escola Médica de Harvard
Seminars in Thrombosis and Hemostasis

Introdução

Mais de um milhão de pessoas teve câncer diagnosticado nos Estados Unidos em 1990. O câncer, hoje a segunda causa principal de morte nos Estados Unidos, ceifa mais de 500 mil vidas a cada ano. Baseando suas estimativas em estatísticas, a Sociedade Americana de Câncer prevê que cerca de 76 milhões de norte-americanos hoje vivos poderão desenvolver câncer. Ela também prediz que por volta do ano 2000 quase uma em cada duas pessoas desenvolverá a doença — ou seja, uma em cada duas daqui a apenas uns poucos anos!

Em nítido contraste, a incidência de câncer nos tubarões é estimada em um caso por milhão, ou menos. É uma notável diferença, que levou um grupo de cientistas a acreditar que no tubarão reside o segredo da cura e prevenção da maioria das principais formas de câncer.

Criatura pré-histórica que permanece existindo sem profundas mudanças há mais de 400 milhões de anos, o tubarão é um dos poucos seres da Terra que raramente — apenas algumas vezes — contrai câncer. Só há registros de sete tumores em tubarões antes de o Instituto Smithsonian criar o Registro de Tumores em Animais Inferiores, em 1965. Mais recentemente, membros da equipe do registro realizaram uma busca por meio de computador em fichas existentes e descobriram que em quatro mil e quinhentos relatórios publicados sobre tubarões e três mil espécimes de museu, só havia menção de 30 tumores; mais da metade era considerada "diagnóstico incorreto". Pesquisadores que estudam elasmobrânquios (tubarões, arraias) raramente — se é que alguma vez — relataram ter achado malignidades no curso das autópsias realizadas em milhares de tubarões. O número total de tumores em tubarões é menos do que uma fração de um por cento do total de tumores levantado para todos os peixes.

Cientistas que queriam descobrir por que tubarões desenvolvem câncer tão raramente perguntaram: "O que há de tão diferente nos tubarões que possa causar este fenômeno?" A resposta é parte de uma descoberta que pode resultar no mais significativo avanço médico do século, descoberta que diz respeito ao câncer e a grande quantidade de doenças degenerativas que atacam o homem moderno, tais como artrite, uma inflamação das articulações; enterite, uma inflamação do trato intestinal; retinopatia diabética, um distúrbio do olho em que pequeninos vasos sanguíneos da retina dilatam-se e estouram; e psoríase, uma doença da pele. Estas doenças têm mais em comum do que pode parecer à primeira vista. Todas são quadros contra os quais a medicina moderna não tem se saído muito bem, e algumas estão associadas ao envelhecimento — um problema importante para uma sociedade na qual a média etária tem crescido continuamente. Agora, há nova evidência a revelar, que elas todas também são quadros baseados em angiogênese — que dependem do crescimento de novos vasos sanguíneos.

EM BUSCA DE UMA CURA

Tubarões não têm câncer começa — como a maior parte da pesquisa sobre cartilagem de tubarão que está sendo realizada — com uma teoria desenvolvida pelo Dr. Judah Folkman, cientista mundialmente famoso e professor de Harvard. Mais de vinte anos atrás, o Dr. Folkman mostrou que o crescimento tumoral podia ser limitado ao tamanho da ponta de um lápis. Trabalhos subseqüentes realizados no Instituto de Tecnologia de Massachusetts (MIT) pelo Dr. Robert

Langer e pela Dra. Anne Lee colocaram a segunda pedra fundamental do desenvolvimento, a que trouxe os tubarões para o cenário de uma possível cura do câncer. Como se vê, os cientistas há muito sabem que tubarões não desenvolvem câncer, quer sejam criados em águas abertas e limpas, quer em águas represadas carregadas de carcinógenos. Há anos um cientista de Sarasota, Flórida, vem colocando tubarões em tanques que contêm elevadas concentrações de carcinógenos (agentes causadores de câncer); e ele não tem conseguido produzir um só tumor nos tubarões.

De acordo com as estatísticas mais recentes, a importância gasta atualmente com o atendimento à saúde nos Estados Unidos atingiu 12% do Produto Interno Bruto (PIB) — mais de 700 bilhões de dólares —, pelo menos o dobro do que gasta qualquer outro país e três vezes o que gasta o Japão. Estima-se que o investimento vai pular para 14% do PIB em 1993. Desse imenso desembolso, apenas três por cento são usados em aplicações preventivas, ao passo que 92% são usados no tratamento, quando o paciente já adoeceu. Terapia e prática preventivas, dieta adequada e meio ambiente não poluído talvez sejam os únicos meios lógicos de se controlar a espiral ascendente dos custos da saúde — custos medidos em bilhões de dólares, qualidade de vida e vida propriamente dita.

Imaginem, então, os efeitos de longo alcance de um produto atóxico natural que age como agente terapêutico e também como profilático (medida de proteção). É disso que trata *Tubarões não têm câncer*. É a história de uma simples observação, de uma teoria brilhante e da aplicação prática dessa teoria, as quais, quando combinadas, podem salvar as vidas de incontáveis milhões de pessoas, bem como aliviar a dor e o sofrimento de outros milhões.

1.

O tubarão

Os recursos vivos do mar vão ser e deveriam ser colhidos, e os tubarões, necessariamente, estarão sem dúvida entre eles.

Thomas H. Lineaweaver III
e Richard H. Backus
The Natural History of Sharks

Houve um tempo em que os dinossauros dominavam a Terra. Pterodáctilos sulcavam os céus. Entretanto, mais de 200 milhões de anos antes dessas criaturas exercerem domínio sobre a terra e no céu, os tubarões nadavam nos mares. Mas os dinossauros desapareceram e o tubarão — provavelmente o animal mais antigo da Terra — ainda está conosco.

Os tubarões estão entre os mais primitivos vertebrados viventes, não atingidos pelas forças da evolução. Eles sobreviveram e permaneceram quase inalterados por 400 milhões de anos, simplesmente porque são as criaturas mais bem dotadas para a sobrevivência — perfeitamente aparelhadas na sua estrutura, nos seus sentidos, nos seus hábitos de acasalamento e na resistência à doença. Além disso, os únicos predadores do tubarão são outros tubarões e o ser humano, embora os botos sejam às vezes considerados inimigos dos tubarões. (Ver "Tubarões e botos" na página 29.)

Muitas das adaptações que permitiram ao tubarão durar tanto

tempo permitem também às espécies de tubarão serem longevas, alcançando expectativas de vida entre 25 e 100 anos. Acredita-se, por exemplo, que o cação-de-espinho vive 70 anos, talvez até um século. Há informação mais concreta sobre o tubarão de cardume australiano, que tem sido pescado por mais de meio século. A identificação desses tubarões com etiquetas revelou vários com cerca de 60 anos.

Quais as características singulares do tubarão que permitiram que ele sobrevivesse quando outros animais desapareceram? Será que podemos aprender com o tubarão coisas — ou quem sabe até *pegar* do tubarão — que dêem às pessoas algumas dessas mesmas características, permitindo-nos viver vidas mais longas ou mais sadias?

Ao procurarmos as respostas a essas perguntas, precisamos começar considerando o que se conhece como tubarão.

NEM SEQUER UM OSSO NOS CORPOS DELES

A diferença mais óbvia entre tubarões e qualquer outra criatura de terra ou água é a ausência de osso. É isto mesmo: o tubarão não tem osso algum no corpo. A maioria dos animais, inclusive o homem, tem esqueletos constituídos de osso calcificado. Os esqueletos dos tubarões são feitos de pura cartilagem, um material duro composto de proteínas e carboidratos complexos, reforçado por fibras como hastes. (Ver "O que é essa coisa chamada cartilagem?", na página 31.)

Os tubarões pertencem à antiga classe dos elasmobrânquios, cujo nome deriva da mesma raiz grega que a palavra elástico — *el*, que significa "fazer ir". De fato, o corpo não-rígido do tubarão parece quase elástico quando em movimento. Menos densa e mais flexível que o osso, a cartilagem garante ao tubarão as vantagens da leveza e da flexibilidade.

Porém, a falta de osso tem pelo menos uma desvantagem. Por não ter um esqueleto rígido ou uma caixa de costelas que proteja seus órgãos internos, o tubarão pode ser morto pelo boto — uma das suas fontes habituais de alimento —, em luta corpo a corpo. O boto pode, literalmente, matar o tubarão a cabeçadas, uma vez que este não tem costelas para proteger seus órgãos vitais.

Tubarões e botos

"Embora seja possível encontrar quase qualquer coisa dentro dos tubarões, eles não são encontrados com freqüência dentro de coisa alguma, exceto outros tubarões", escreveram Thomas H. Lineaweaver III e Richard H. Backus em seu livro The Natural History of Sharks *(História natural dos tubarões). Sendo canibais, os tubarões comem outros da sua espécie, mas a única criatura conhecida por comer tubarão é o animal humano. Nem mesmo as baleias, que possuem mandíbulas e força nos dentes para comer tubarões, o fazem. Parece então que os tubarões não têm inimigos naturais além do homem e de outros tubarões. Mas o que dizer dos botos, conhecidos por matarem tubarões dando-lhes cabeçadas até a morte?*

Na maioria dos casos, tubarões e botos não se metem uns com os outros e são até vistos, às vezes, alimentando-se juntos. Entretanto, tubarões comem botos e freqüentemente são encontrados com restos desses amáveis animais nos seus estômagos. Já os botos, por sua vez, não podem comer tubarões. Simplesmente, as mandíbulas e os dentes deles não são fortes o bastante. Logo, os botos são inimigos dos tubarões, mas não predadores de tubarões.

O relacionamento entre as espécies é graficamente ilustrado no relato de Lineaweaver e Backus sobre o encontro de um barco de pesca com as duas criaturas marinhas. Certa vez, um barco de pesca de baixa velocidade foi cercado por cerca de 50 botos que pareciam estar exaustos e machucados. Botos mais velhos patrulhavam a periferia do círculo de animais, enquanto uns seis botos jovens eram mantidos perto do barco. Os pescadores a bordo do barco logo perceberam a presença de vários tubarões que nadavam a cerca de 30 metros dos botos.

> *Os botos da "patrulha" arremetiam se um tubarão se aproximava. Aparentemente, o barco estava sendo usado para proteger um flanco do grupo de botos.*
>
> *Os pescadores ficaram aflitos por não poderem fazer nada para dar ajuda aos botos. Deter o barco parecia não ter outro efeito que atrair os tubarões para ainda mais perto. Finalmente, uma breve e violenta tempestade de chuva ofuscou a atividade na água, e quando a tormenta acabou, os pescadores descobriram que todos os animais tinham ido embora.*
>
> *Por muitos anos, os pescadores falaram sobre a cooperação entre os botos e seus esforços concentrados na proteção dos filhotes.*

A rigidez e a capacidade de proteger órgãos vitais não são as únicas características que diferenciam o osso da cartilagem. O osso se compõe fundamentalmente de sais de cálcio e fósforo. A cartilagem geralmente não contém esses sais, nem os canais microscópicos que, no osso, permitem a passagem de vasos sanguíneos e fibras nervosas. Cartilagens não têm vasos sanguíneos ou nervos, como os ossos têm.

Osso e cartilagem têm, no entanto, algumas semelhanças. Ambos começam a formar-se na camada média do embrião, onde as células irão desenvolver-se posteriormente como cartilagem, osso ou tecido conetivo. Além disso, tanto o osso como a cartilagem contêm colágeno, a principal proteína de sustentação da pele e dos tendões, assim como da cartilagem e do osso.

Entre seis e oito por cento do peso bruto de um tubarão são cartilagem; apenas uma pequena fração percentual do peso bruto de um mamífero corresponde à cartilagem. Nos seres humanos, por exemplo, as cartilagens existem nas partes mais duras das orelhas e do nariz, em torno das articulações, nas pontas dos ossos compridos e entre os segmentos da espinha. Num bezerro de porte médio — um mamífero cujo peso é aproximadamente equivalente ao de um tubarão médio —, a cartilagem é apenas 0,06% do peso corporal total. Isto significa que o tubarão tem mil vezes mais cartilagem que um bezerro ou outro mamífero de tamanho similar.

O que é essa coisa chamada cartilagem?

Nós quebramos nossos ossos, rasgamos nossos ligamentos, distendemos nossos músculos. O que fazemos com nossa cartilagem? O que é — onde é que está, de fato — a cartilagem?

Provavelmente você identifica mais a cartilagem com aquela "coisa dura" que não quer no seu bife, mas quando está comendo é mais provável que se refira a ela como "pelanca". A cartilagem também é aparente no corpo humano, mas nós lhe damos outros nomes, como "pomo-de-adão", tradução do hebraico tappuah haadam.

Não só existe cartilagem na laringe, mas também entre os segmentos da espinha e nas terminações de ossos longos, onde ela age absorvendo impactos e como superfície de atrito, para reduzir a fricção entre partes móveis. É um material duro, elástico e translúcido que se apresenta em três variedades.

A fibrocartilagem, a primeira variedade, é encontrada entre os ossos da coluna vertebral. É o mais forte dos três tipos. A segunda, a cartilagem hialina, é um tecido elástico poroso que recobre finamente as pontas móveis dos ossos, liga as costelas ao esterno e sustenta o nariz, a traquéia e parte da laringe. Este tipo de cartilagem tem probabilidade de tornar-se mais dura em pessoas idosas. A cartilagem amarela, a terceira variedade, é a mais elástica. É encontrada no ouvido externo, na trompa de Eustáquio e na garganta.

Uma das coisas mais interessantes quanto à cartilagem, no entanto, não é sua forma, mas sua importância para o corpo, evidenciada em primeiro lugar no embrião.

DESENVOLVIMENTO EMBRIONÁRIO

Não há ossos num feto na fase inicial; a cartilagem é que fornece a armação na qual se formam os principais ossos do corpo — excluído o crânio. Finalmente, a cartilagem fetal fica impregnada de sais de cálcio, originando assim ossos duros, ou "pétreos".

Os ossos das crianças são relativamente flexíveis porque contêm mais cartilagem — que aparece nas extremidades dos ossos em zonas chamadas de placas de crescimento — e menos sais de cálcio do que os ossos dos adultos. (Tem sido postulada uma teoria segundo a qual crianças recém-nascidas são resistentes a muitas doenças devido à grande quantidade de cartilagem existente nos corpos delas durante as fases iniciais, fetal e de desenvolvimento.) Pessoas idosas têm muito menos tecido mole como o da cartilagem, e maior proporção de sais de cálcio, de modo que seus ossos são mais frágeis.

No curso da vida, quando os ossos quebram, ocorre um processo similar àquele em que a cartilagem fetal se desenvolve para virar osso. Acredita-se que quando um osso quebra, uma substância dentro dele emite sinais para células do sistema circulatório limparem o local da fratura e congregar células indiferenciadas para ocuparem o local e se multiplicarem. Essas células indiferenciadas viram condrócitos, ou células de cartilagem, que produzem um entrelaçameto de fibras cartilaginosas que preenche a fratura e une os fragmentos de osso. Finalmente, a cartilagem calcifica e se torna novo osso vivo.

Surpreendentemente, a cartilagem é um tecido que desempenha suas funções sem nervos, vasos sanguíneos ou sistema linfático. Portanto, os nutrientes não chegam à cartilagem através do sangue ou do fluido linfático. É o fluxo d'água, o principal componente da cartilagem, o responsável pelo transporte de nutrientes, causado pelas compressões e relaxamentos decorrentes dos movimentos do corpo. É por isso que longos períodos de inatividade são deletérios para a cartilagem articular.

> *Como resultado da inatividade, os sais de cálcio contidos no material intercelular da cartilagem, na forma de um gel carregado de água, podem transformar-se em material pétreo. A calcificação não pode ser revertida ou reparada como os ligamentos rasgados ou ossos quebrados. Calcificação é, definitivamente, a morte da cartilagem.*

Além de os tubarões terem uma porcentagem de cartilagem maior do que os mamíferos, a cartilagem dos tubarões também difere por possuir alguma calcificação. A cartilagem de tubarão é reforçada, em pontos submetidos a esforço, por placas de apatita, uma substância composta de fosfatos e carbonatos de cálcio. Na cartilagem da maioria dos animais, tal calcificação limita-se geralmente às áreas superficiais, mas as vértebras do tubarão devem suportar as tensões associadas aos movimentos da natação, sendo portanto com freqüência reforçadas.

A falta de um esqueleto calcificado significa que o tubarão não tem uma espinha dorsal como a que a maioria dos peixes tem. Entretanto, o tubarão possui, sim, uma coluna espinhal, feita de cartilagem, estendida e que dá sustentação à parte superior da cauda. O esqueleto do tubarão consta de duas partes — a porção axial, que inclui o crânio e a coluna vertebral, e a porção apendicular, que inclui as cinturas peitoral e pélvica e as cartilagens médias das nadadeiras, que proporcionam suporte para as mesmas (ver Figura 1.1). As nadadeiras cartilaginosas ampliam a capacidade de nadar do tubarão.

Os tubarões nadam geralmente em velocidade de cinco a oito quilômetros por hora e não podem parar com rapidez ou recuar. Seus corpos sem ossos devem dobrar-se e curvar-se para regressar, ações essas facilitadas pelas fortes caudas e nadadeiras. Os tubarões têm dois conjuntos de nadadeiras emparelhadas, mas sobressaem-se a grande nadadeira triangular dorsal na parte superior do corpo e a cauda em forma de bandeira. Todas as nadadeiras são relativamente rígidas, sendo usadas para guiar, estabilizar e dar propulsão. As nadadeiras peitorais, com sua ampla envergadura, e a nadadeira caudal, com sua curvatura ascendente, provêm sustentação; a cauda, com seu movimento de varredura, provê o impulso. Este arranjo é que dá aos tubarões a excelente capacidade natatória, tão essencial à sobrevivência deles.

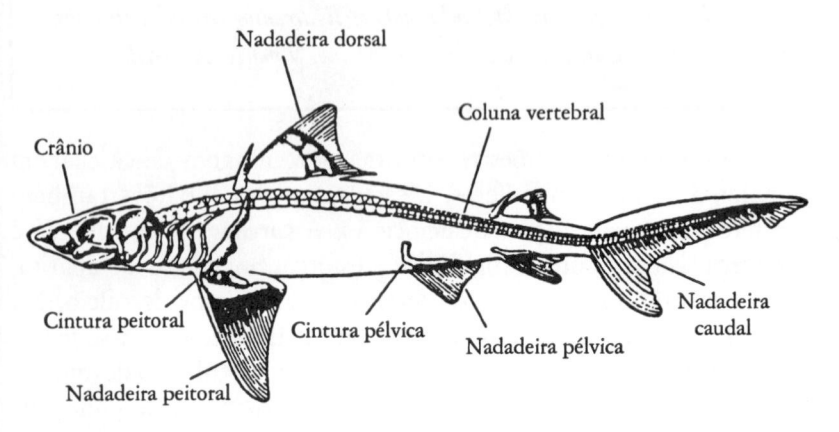

Figura 1.1. O perfil de um tubarão, feito por um artista, mostra as partes do esqueleto cartilaginoso.

Os tubarões precisam estar em constante movimento para viver e evitar de afundar; algumas variedades nem sequer dormem. Como todo ser vivo, o tubarão necessita de oxigênio; como todos os peixes, os tubarões obtêm seu oxigênio do ar contido na água. Muitos deles ficam nadando a fim de forçar a água a atravessar suas guelras. Eles só podem parar de nadar quando se encontram numa correnteza rápida que empurra a água para dentro das suas guelras. Peixes ósseos usam suas bocas e coberturas das guelras como bombas, abrindo-as e fechando-as para forçar a passagem da água através das guelras.

Além das vértebras e nadadeiras do tubarão serem constituídas de cartilagem, também seu crânio é feito de cartilagem, embora aqui, mais uma vez, depósitos de sais minerais o tornem muito duro. No crânio alojam-se o cérebro e órgãos sensoriais. Talvez, acima de tudo, os órgãos sensoriais, incrivelmente desenvolvidos, é que fazem do tubarão uma criatura bem-sucedida — e terrífica.

SENTIDOS

Os excepcionais órgãos sensoriais do tubarão são inestimáveis auxiliares na obtenção de alimento. Cada um dos sentidos do tubarão entra em ação em diferente momento da caçada, garantindo que a presa não fuja. A audição do tubarão pode ser medida em milhares de metros; o faro do tubarão (olfato), em centenas de metros. A visão é limitada a cerca de 15 metros, e tato e gosto obviamente requerem contato direto. Todos os órgãos sensoriais trabalham juntos para fazer do tubarão um temível caçador.

Ampolas de Lorenzini

Talvez os órgãos sensoriais mais assombrosos são as ampolas de Lorenzini, utilizadas pelo tubarão quando se encontra a apenas alguns centímetros da sua vítima. Esses pequenos feixes de células sensoriais estão localizadas sob a pele da cabeça. São compostos quase inteiramente de fibras nervosas e detectam débeis campos elétricos a curtas distâncias, permitindo aos tubarões acharem presas até sem indícios visuais ou olfativos. Além disso, uma série de canais cheios de líquido localiza-se sob a pele da cabeça e ao longo dos lados do corpo. Essas "vias laterais" e as ampolas de Lorenzini, juntamente com o ouvido interno, constituem um complexo sistema de receptores que transformam o som ou as perturbações subaquáticas em impulsos nervosos, permitindo aos tubarões perceberem um determinado movimento ou som.

Audição

A audição, altamente sensível, do tubarão talvez seja seu primeiro meio de detectar presas. O som desloca-se mais rápido e atinge maiores distâncias na água do que no ar, e os tubarões são atraídos por vibrações irregulares de baixa freqüência a quase dois quilômetros de distância. Sons limpos e contínuos parecem não atrair a atenção do tubarão, provavelmente porque tais ruídos costumam ser feitos por animais que nadam normalmente, mais do que por animais feridos. Tubarões ouvem sons na faixa de 100 ciclos por segundo (cerca de uma oitava abaixo do limite superior do piano) até cerca de 1.500 ciclos por segundo (cerca de duas oitavas acima do limite superior do piano). Esses sons tornam-se menos importantes para a caçada à medida que o tubarão se aproxima da presa.

Olfato

Uma vez que o tubarão está a algumas centenas de metros de sua presa, a capacidade olfativa entra em ação. O faro, um dos sentidos mais importantes do tubarão, é cultuado pelo folclore e pelo cinema, por boas razões. O tubarão médio de dois metros e meio de comprimento tem um cérebro de 18cm. Dois terços do peso do cérebro dedicam-se à função olfativa. Além disso, as narinas do tubarão não se comunicam com a boca nem têm função alguma na respiração, elas são exclusivamente olfativas. Os tubarões conseguem farejar sangue a uma milha de distância, especialmente numa correnteza. Eles podem perceber um pingo de sangue em cinco milhões de litros d'água; podem, em outras palavras, cheirar meia colher de chá de sangue dissolvido em volume equivalente ao de três piscinas. Isto, combinado com a capacidade de eles ouvirem o batimento anormal do coração de um peixe velho, ou ferido, a mil metros de distância, faz dos tubarões perfeitos comedores de carniça, que se alimentam sobretudo de peixes feridos.

Em teste visando determinar a capacidade olfativa dos tubarões, um deles foi colocado dentro de um tanque com um caranguejo. O tubarão nadava em círculos cada vez menores, até pegar o caranguejo. Quando os caranguejos eram enrolados em gaze e colocados no tanque junto com pedras envolvidas igualmente em gaze, o tubarão pegava os caranguejos e ignorava as pedras. Entretanto, quando as cápsulas nasais do tubarão eram tamponadas, ele ignorava os caranguejos mesmo quando lhe eram diretamente ofertados.

O típico padrão de natação em ziguezague do tubarão ao caçar também atesta seu aguçado olfato. O tubarão capta um aroma e começa a nadar nessa direção. Se o tubarão se dirigir para a esquerda da presa, a narina direita capta o cheiro, logo, ele vira para a direita. Agora a narina esquerda é que capta o cheiro, fazendo com que o tubarão vire de novo. Quando o tubarão não está seguindo um cheiro, ele nada em percurso mais reto. O movimento de natação em ziguezague — que espelha o perfil serrilhado dos dentes do tubarão — é, como os próprios dentes, algo que sugere cautela.

Visão

Quando o tubarão inicia sua aproximação final em direção à sua presa, a visão passa a desempenhar o papel principal, em vez do sentido do olfato. O sentido da visão é a ferramenta de caça mais importante desde quando o tubarão chega a cerca de 15 metros de sua presa, até o momento do ataque em si. Isto foi demonstrado numa experiência em que cubos de peixe de 10 centímetros de lado e cubos de madeira do mesmo tamanho foram jogados a um metro do tubarão. Em 20 tentativas realizadas durante dois dias, o tubarão pegou o peixe 11 vezes e a madeira nove vezes. Aparentemente, o tubarão não conseguia "farejar" diferença alguma a tão curta distância.

O olho do tubarão é muito bem-equipado para uma vida de caçadas. Os olhos, bastante sensíveis, são bem separados, um em cada lado da cabeça, atributo especialmente reconhecível do tubarão-martelo. Os músculos do olho permitem que o globo ocular gire de modo a manter constante o campo visual, quer o tubarão esteja virando ou nadando em linha reta. Os olhos detectam diferenças de luz e escuridão porque possuem muitos bastonetes, células sensíveis a luz fraca. Em alguns tubarões, um grupo especializado de células ajuda a proteger os bastonetes de possíveis danos causados pela luz intensa. Em presença de luz brilhante, essas células, que têm um pigmento preto, situam-se no lugar certo, quase como venezianas. Com luz fraca, as células se retiram.

Além disso, o olho do tubarão tem uma camada parecida com

um espelho, atrás da retina, chamada "tapete lúcido". Cristais dessa camada refletem a luz que já atravessou a retina, estimulando esta última uma segunda vez e tornando-a mais eficiente em condições de pouca luminosidade. Alguns tubarões também têm uma membrana nictitante que protege o olho contra lesões mecânicas.

A membrana nictitante é uma segunda pálpebra inferior que se estende sobre o olho no momento de morder ou quando o tubarão passa perto de objetos. Isto preenche a brecha entre as pálpebras superior e inferior, que são móveis mas não cobrem completamente o globo ocular. O desenvolvimento recente do uso de câmeras em *close-up* nos permitiu ver que o tubarão realmente está cego no momento do ataque. Como proteção contra dentes e unhas afiados da presa ao se debater, o globo ocular gira, voltando-se para dentro da sua órbita. O tubarão deve, portanto, confiar nas ampolas de Lorenzini durante a caçada de curto alcance. No momento em que o tubarão morde, talvez as ampolas sejam o aparato sensorial que controla a situação.

Os órgãos sensoriais do tubarão trabalham em uníssono, por isso ele pode rastrear facilmente sua presa. Nos últimos momentos, os sentidos do tato e do gosto ajudam-no a decidir se vai devorar sua refeição ou não. Então, dentes e maxilares poderosos põem-se a trabalhar.

DENTES E MANDÍBULAS

As mandíbulas e os dentes do tubarão têm merecida fama — ou infâmia. A boca, situada atrás de um longo focinho, tem forma de meia-lua, curvando-se para trás e criando o aspecto arreganhado selvagem das histórias em quadrinhos. Tanto nos quadrinhos como no cinema e na realidade, dentes e mandíbulas de tubarão com freqüência deixam evidência sangrenta do perigo muitas vezes fatal que representam.

Os dentes do tubarão são bem adequados à dieta do animal, sendo que a forma varia de acordo com o alimento principal de cada espécie. De fato, o tamanho dos dentes é que classifica o tubarão — tubarões-brancos têm dentes triangulares com arestas pontudas; *pointers*-azuis têm grandes presas afiadas; tubarões-areia e tigre têm dentes serrilhados. As variações de tamanho, forma, número e disposição dos dentes dos tubarões possibilitam ao ictiologista (quem estuda peixes) identificar a espécie mediante um só dente.

De modo geral, os dentes do tubarão estão dispostos nas bordas dos maxilares superior e inferior. Eles são usados para segurar, cortar, perfurar e esmigalhar. Localizados ao longo das gengivas existem quatro conjuntos completos de dentes sobressalentes, que avançam conforme a fileira externa se desgasta. Quando a fileira de dentes externos vai caindo e a segunda fileira avança para ocupar seu lugar, uma nova fileira de dentes, a quinta, cresce atrás da última. Em 1966 descobriu-se que os dentes do maxilar superior de um tubarão jovem são substituídos a cada 7,2 dias; os dentes do maxilar inferior, a cada 8,2 dias. Um tubarão pode usar mais de 20 mil dentes em 10 anos, porque a considerável força exercida pelos maxilares na mordida freqüentemente danifica os dentes.

As mandíbulas do tubarão são articuladas, sendo que a superior fica relativamente frouxa de modo a poder ampliar seu alcance. São as mais poderosas mandíbulas do mundo. Uma balança metálica, embrulhada numa isca, revelou que um tubarão de dois metros e meio tem uma pressão de mordedura de 2,8ton/cm^2. Usando um gnatodinamômetro Snodgrass para medir a força exercida pelas mandíbulas, ele registrou 3.000kg/cm^2.

FICÇÃO OU REALIDADE?

Obviamente, as mandíbulas do tubarão possuem um poder incrível. Porém muitos outros aspectos do folclore em torno do tubarão são mais ficção do que realidade. Por exemplo, as pessoas acostumaram-se a pensar que o tubarão é um perigoso devorador de homens, que singram a superfície do oceano com a nadadeira dorsal à mostra. Este triângulo de terror espalha medo tanto entre marujos como entre marinheiros de primeira viagem. Na realidade, as maiores populações de tubarões encontram-se próximo do fundo, e não na superfície do oceano, logo, uma nadadeira que corta a superfície pertence mais provavelmente a uma arraia do que a um tubarão.

Apesar do que você possa ter ouvido, o tubarão não é inimigo natural do homem. Os tubarões evoluíram milhões de anos antes do homem; assim sendo, a dieta deles jamais incluiu carne humana. O homem só pode ser considerado, segundo José Castro, autor de *The Sharks of North American Waters*, como "presa acidental".

Embora os tubarões não procurem seres humanos e usualmente fujam das pessoas, eles são comedores de carniça, curiosos e muitas vezes estão famintos. Talvez isto responda pela medonha reputação de que desfrutam, cujos primórdios possivelmente podem remontar à Bíblia. Muitos estudiosos têm afirmado que Jonas foi engolido por um tubarão — um grande tubarão-branco —, e não por uma baleia. Uma das referências mais antigas nesse sentido encontra-se no livro *Biblisch Fischbuch* (Livro de peixes da Bíblia), de Heinrich Herman Frey, escrito em 1594.

Outro equívoco comum relativo aos tubarões é que eles procuram carne podre na presa. Não é nada disso. Na verdade, o tubarão-baleia — o maior de todos os peixes — consome somente pequenos animais vivos e plantas, coando-os da água entre seus dentes. Tanto os tubarões-baleia como o tubarão gigante dos mares do norte nadam preguiçosamente de três a cinco quilômetros por hora mantendo suas bocas escancaradas. Toneladas de água carregadas de alimento fluem através das mandíbulas deles. Os ancinhos das guelras agem como coadores, retendo o alimento e permitindo que a água coada passe através das guelras. Um tubarão gigante de sete metros pode coar quase dois milhões de litros de água de mar em uma hora.

Embora essas grandes espécies de tubarão não ataquem pessoas, um pequeno número de espécies envolve-se de fato em ataques a seres humanos, sem provocação. É o tubarão-branco — o terceiro maior peixe do mundo — que ficou conhecido como devorador de homens. O tubarão-branco habita mares tropicais e quentes. Uma outra espécie que ataca pessoas é o tubarão-tigre. Medindo até nove metros, ele é muito temido nas Antilhas e na Austrália. Em 1988, participei da captura de um tubarão-tigre de 8,4m e 1.360kg no

Oceano Pacífico, ao largo da costa do Panamá. Aquela foi uma experiência extenuante, mas ninguém sofreu por ter sido atacado.

No mundo inteiro, menos de 100 ataques de tubarão são registrados anualmente. Menos de 30 desses são fatais. Ficou comprovado que apenas quatro espécies de tubarão — num total de pelo menos 350 — atacam seres humanos. Mas também se disse que a única coisa previsível no que diz respeito ao tubarão é sua imprevisibilidade. Seja qual for o número real de ataques, esses incidentes ainda são raros em relação a outras calamidades que podem nos acontecer. Por exemplo, muito mais pessoas morrem por causa de picadas de abelha. Afinal, os tubarões têm coisa melhor a fazer que ficar procurando gente para comer.

Sendo o tubarão um predador, a maior parte da sua energia é empregada em achar e consumir alimento. A energia dele será por certo mais bem-empregada comendo do que perseguindo e capturando seu jantar. Logo, é mais provável os tubarões escolherem presas fracas ou moribundas. Com muita freqüência, o sangue de um peixe arpoado por um mergulhador é que atrai o tubarão. (Visto que o cheiro de sangue muitas vezes estimula o tubarão a atacar, nadadores que possam sofrer perda de sangue na água — tais como mulheres menstruadas — são aconselhados a evitar áreas com tubarões.)

Às vezes, um mergulhador vestindo um traje preto molhado e agitando seus pés-de-pato é confundido com uma foca, presa natural do tubarão. Se o mergulhador é atacado, o tubarão não vai além das primeiras mordidas. O mergulhador não é a comida que o tubarão quer. Quando ocorrem fatalidades com mergulhadores e nadadores, elas são mais provavelmente decorrentes de perda de sangue do que de perda de partes do corpo. Ocasionalmente, porém, pessoas feridas de desastres aéreos ou marítimos têm sido devoradas por tubarões famintos à procura de presas.

De vez em quando, um tubarão ataca um ser humano, a quem vê como invasor do seu território. Quando o tubarão enxerga o ser humano como um concorrente, o ataque caracteriza-se por ferimentos cortantes com pouca perda de tecidos. Os ferimentos são causados pelo movimento de arranhadura do maxilar superior, que obviamente não é um movimento de alimentação. O tubarão envolvido em tal comportamento agressivo exibe sinais definidos — ele sacode a cabeça repetidamente e nada a esmo com o dorso encurvado, a nadadeira peitoral apontada para baixo e o nariz para cima. Os danos sangrentos descritos pela mídia são causados em geral pela combinação da ação mordedora do tubarão e da agitação da cabeça. E, por incrível que pareça, a pele do tubarão também pode causar grande dano a um mergulhador.

PELE

A pele dos tubarões é diferente da de outros peixes. Em vez de escamas, ela tem inúmeros pequeninos "dentes", conhecidos como dentículas dérmicas, ou dentes da pele. Se você passar a mão na direção da cauda do tubarão, as dentículas dérmicas são abaixadas e a pele parece suave. Mas se deslizar a mão na direção do nariz, e contra as dentículas, a pele é rugosa; com efeito, ela é tão áspera que uma pancada lateral do corpo do tubarão pode arrancar a pele de um nadador.

Por causa da sua textura, a pele seca de tubarão já foi usada como lixa, chamada de chagrim. Hoje, a pele de tubarão é transformada em couro praticamente inalterável. Esse couro é usado na fabricação de belas botas, sapatos e carteiras.

Obviamente, a pele do tubarão não é a única parte útil do animal. O óleo contido no fígado do tubarão também tem tido usos comerciais há muito tempo.

FÍGADO

Os tubarões têm fígados enormes, que contêm grandes quantidades de óleo, muito rico em vitamina A. De fato, a Borden's, uma das maiores empresas de produtos alimentícios dos Estados Unidos, patrocinou uma grande operação de pesca de tubarões na Flórida visando apenas a extração de vitamina A do fígado de tubarão. Na

Segunda Guerra Mundial, a maior parte do consumo desta importante vitamina, tão desesperadamente necessária à nutrição humana e animal, foi abastecida pela Borden's. Antes da guerra, a vitamina era extraída de tubarões pescados pelos japoneses. Logo após a guerra, a vitamina A foi sintetizada pelos suíços, e a necessidade de vitamina A obtida a partir de óleo natural de fígado de tubarão reduziu-se tanto que atualmente o óleo quase não é utilizado. Isto é desperdício de um recurso abundante.

O fígado do tubarão é tão grande que constitui 25% do peso total do corpo dele. E como quase 100% da gordura do tubarão estão armazenados no fígado, mais da metade do peso do fígado de tubarão é de óleo. Este grande fígado e a abundante fonte de óleo são essenciais para o tubarão.

Ao armazenar óleo mais leve que a água, diminuindo a densidade do corpo do tubarão, o fígado proporciona flutuabilidade. Muitas outras espécies de peixes têm uma bexiga de ar, um saco de gás que lhes ajuda a nadar e os mantêm flutuando quando descansam. Os tubarões não têm essa bexiga, por isso devem nadar ou afundar. O grande fígado cheio de óleo ajuda a mantê-los flutuando. Além disso, o fígado é um depósito de energia; todas as reservas gordurosas concentram-se nele. Como podem nutrir-se das gorduras armazenadas nesses enormes fígados, os tubarões podem sobreviver mesmo com alimentação esporádica. No entanto, eles empreendem periodicamente migrações que talvez sejam causadas pela busca de alimento.

MIGRAÇÃO

Em termos gerais, tubarões são criaturas de águas quentes. Eles são encontrados num cinturão ao redor do mundo entre 20 graus ao norte e 20 graus ao sul do Equador (ver Figura 1.2) e em correntes marinhas quentes, como a do Golfo. Entretanto, embora a maioria dos tubarões se encontre em águas salgadas quentes, alguns vivem sob o gelo e outros habitam lagos e rios de água doce. Existe no lago Nicarágua uma espécie feroz de água doce.

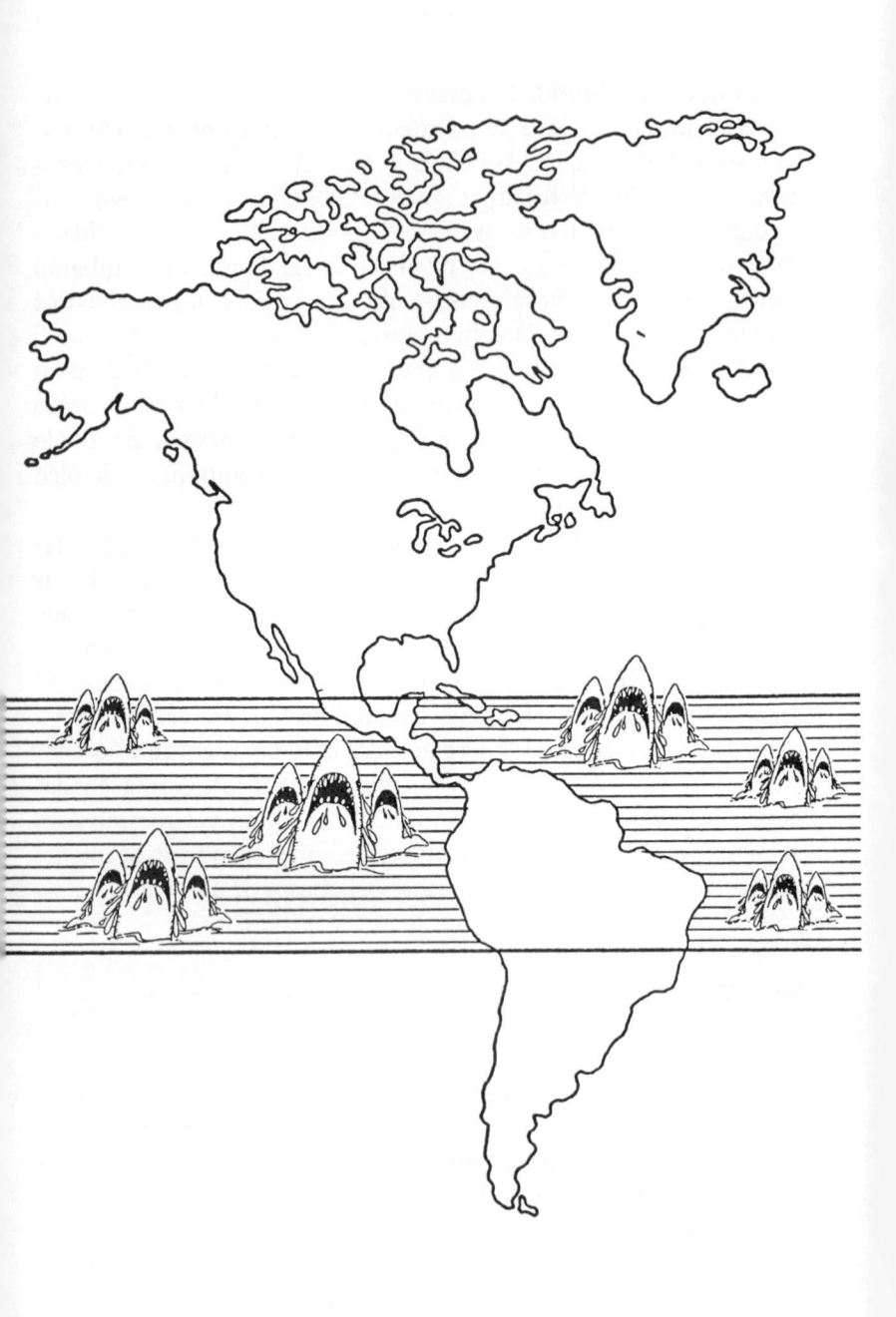

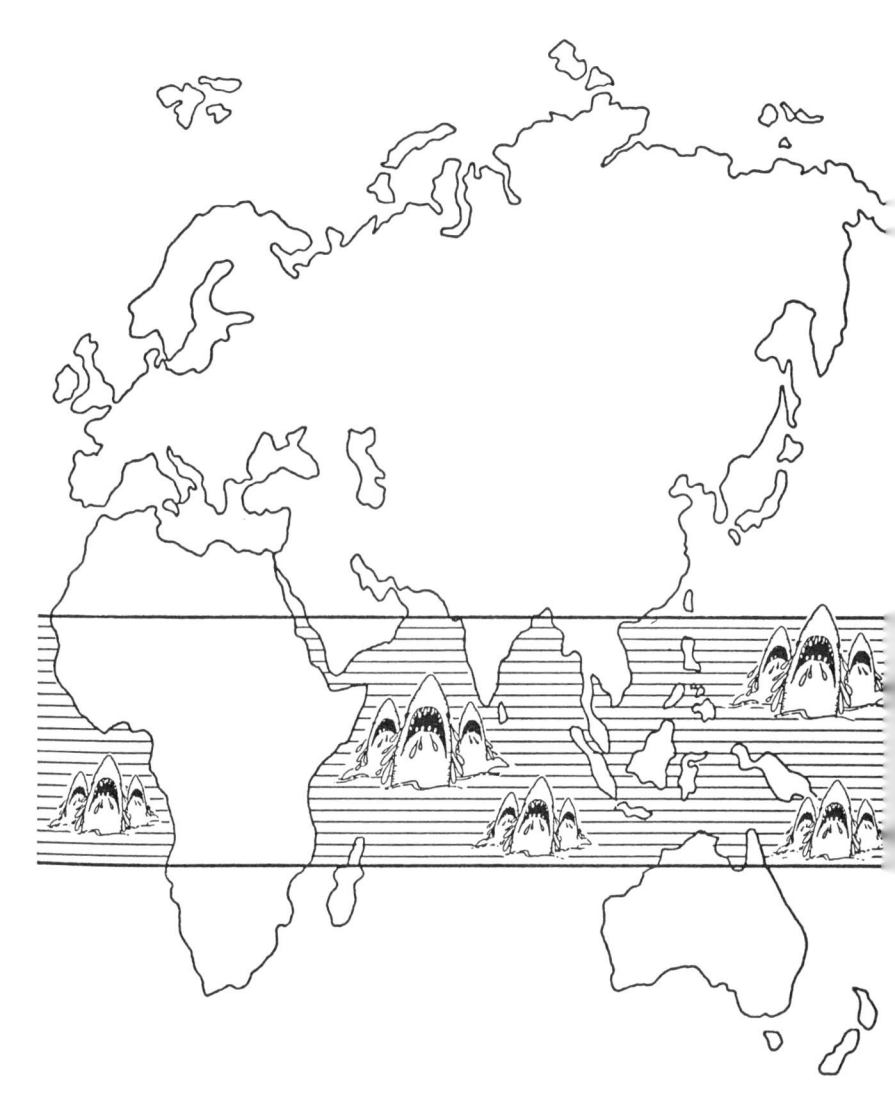

Figura 1.2. A área sombreada neste mapa assinala o "cinturão" da densidade populacional de tubarões.

Migrações diárias cobrindo curtas distâncias são realizadas geralmente à procura de presas. Migrações sazonais que cobrem distâncias de alcance desconhecido decorrem muitas vezes de fatores ambientais, tais como a temperatura. Os tubarões têm sangue frio (pecilotérmico); a temperatura do corpo deles adapta-se à da água circundante. As espécies de tubarões vivem em faixas de temperatura determinadas pelas suas necessidades metabólicas ou de regulação. Mudanças sazonais de temperatura podem fazer as espécies migrarem a fim de manter a faixa de temperatura apropriada. Entre os fatores ambientais adicionais que possivelmente levam os tubarões a migrarem, incluem-se mudanças na solubilidade do oxigênio, na luz e nas correntes oceânicas.

Outras migrações de grande distância são provocadas por hábitos de acasalamento. Alguns tubarões viajam para áreas aparentemente predeterminadas, onde se reúnem em grandes grupos para fins de acasalamento. Algumas das fêmeas migram depois para regiões específicas, as chamadas áreas de maternidade, onde dão à luz seus filhotes.

Os padrões migratórios revelam que os tubarões são segregados em função do sexo, porém ainda mais enfaticamente pelo tamanho: o tubarão menor sempre cede o lugar para outro, maior. Como diz um ictiólogo, "o principal elemento de controle dos tubarões são os próprios tubarões". Em geral, a migração dos tubarões é pouco entendida porque é difícil rastrear e estudar tubarões errantes. Esforços para marcá-los e obter registro dos seus movimentos não têm sido muito bem-sucedidos. No entanto a marcação forneceu informação sobre certos parâmetros, como as idades e os tamanhos dos tubarões.

TAMANHOS

Existem tubarões de muitos tamanhos diferentes. O mais famoso deles — ou o de pior fama, graças ao filme *Tubarão* —, é o tubarão-branco, que pode ser aproximadamente do tamanho de um ônibus urbano. Um tubarão-branco de 11 metros pesou 13 toneladas, mas eles podem ter o dobro do tamanho desse gigantesco monstro. O maior tubarão já capturado não foi pesado — não havia balança que o comportasse. Os menores tubarões cabem na palma da mão; um tubarão, achado no golfo do México, media apenas 27 centímetros.

REPRODUÇÃO

Os tubarões de menor porte põem ovos, mas espécies maiores parem crias vivas. A maioria das criaturas de sangue frio põe ovos. É uma característica dos peixes produzirem quantidades muito grandes de ovos e esperma, que são depositados na água, onde a fertilização ocorre. Depois que os filhotes saem do ovo, precisam de semanas ou meses para amadurecer, tornando-se nesse meio tempo alimento fácil para os predadores. O sucesso do tubarão através dos milênios deve-se, ao menos em parte, à adaptação da fertilização externa típica dos peixes de esqueleto ósseo. Em vez de serem fertilizados fora do corpo, os ovos da maioria dos tubarões é fertilizada internamente, nascendo pequeno número de crias vivas de grande tamanho.

Uma outra adaptação que aumentou a capacidade reprodutiva do tubarão e, portanto, sua sobrevivência, é a existência de dois órgãos sexuais masculinos completamente formados e ativos, chamados *claspers*. Mesmo sendo necessário apenas um *clasper* para a reprodução em qualquer momento, o tubarão é uma máquina de sobrevivência tão perfeita que vem provido de um órgão sobressalente, para o caso de perda do outro em briga ou acidente. Durante a copulação, o *clasper* do macho introduz esperma na cloaca da fêmea.

Tudo indica que a copulação entre tubarões é vigorosa, se não de fato perigosa. Cortes parcialmente curados em fêmeas prenhes, bem como a observação direta em diversos aquários, revelam que os machos dão golpes cortantes nas nadadeiras peitorais e na região pélvica das fêmeas para obter colaboração na atividade sexual. Os ferimentos não são graves, e as fêmeas têm condições de participar da natação ininterrupta que a copulação envolve, muitas vezes durando mais de meia hora.

Seguindo-se à fertilização vem um longo período de gestação, de cerca de 11 meses. Os filhotes nascem geralmente na primavera, ou no início do verão, todos os anos ou ano sim, ano não. No caso das espécies de tubarão maiores e mais comumente conhecidas, a ninhada média consiste de 20 a 80 crias. Os filhotes medem em geral 60cm, pesam quase dois quilos cada, e são réplicas completas, em miniatura, de seus pais.

Esse tamanho no nascimento garante aos recém-nascidos uma taxa de sobrevivência efetivamente maior do que a de outras proles de animais de sangue frio. As crias da maioria dos peixes, embora nascidas em grande número, têm taxa de sobrevivência muito reduzida. Uma cavalinha recém-saída do ovo, por exemplo, possui três milímetros de comprimento; 26 dias depois, ela mede 12 milímetros. Ao completar 40 dias, alcança cinco centímetros, e é a única sobrevivente do milhão de cavalinhas desovadas junto com ela. O tamanho relativamente grande e as habilidades dos filhotes de tubarão reduzem o número de predadores, e a porcentagem de filhotes sobreviventes é elevada. No entanto a sobrevivência dos filhotes — e a dos adultos — depende também da capacidade de resistir às doenças.

SISTEMA DE IMUNIDADE DO TUBARÃO

Os tubarões têm um sistema de imunidade forte e muito eficaz. Seus ferimentos curam depressa e geralmente são imunes a infecções. Anticorpos contidos no sangue combatem com sucesso infecções bacteriais e virais, além de protegerem o tubarão contra uma ampla variedade de produtos químicos que matam facilmente a maioria dos mamíferos.

Michael Sigel, presidente emérito do Departamento de Microbiologia e Imunologia da Escola de Medicina da Universidade da Carolina do Sul, foi pioneiro na pesquisa sobre o sistema de imunidade do tubarão. Nos seres humanos, há milhões de possíveis anticorpos, conhecidos como imunoglobulinas, e o sistema de imunidade permanece normalmente latente, tornando-se ativo só em resposta a antígenos. Em meados da década de 60, na Universidade de Miami, Sigel descobriu que os tubarões têm uma imunoglobulina específica, que está sempre circulando em grande quantidade e pronta para atacar.

O poderoso sistema de imunidade do tubarão, entretanto, parece produzir anticorpos não apenas contra bactérias, vírus e produtos químicos. Parece ajudar também a proteger contra o câncer, tanto se o tubarão é criado e mantido em águas abertas e limpas, como em águas represadas carregadas de carcinógenos (ver página 62). Este é o fato que prendeu minha atenção no início dos anos 80 e me colocou numa trilha cheia de perguntas a respeito do porquê e do como da resistência ao câncer observada nos tubarões. Eu queria saber, particularmente, como essa informação podia ser traduzida em prevenção ou terapia para seres humanos. Eu queria saber o que os tubarões poderiam fazer por nós. A conclusão é que eles têm feito muito pelas pessoas ao longo do tempo.

O QUE OS TUBARÕES PODEM FAZER PELAS PESSOAS

O tubarão está na Terra há 400 milhões de anos; o homem (*Homo sapiens*) há uns 500 mil anos. Em todo o período que ambos têm convivido neste planeta, o homem descobriu uma miríade de formas segundo as quais o tubarão pode torná-lo mais saudável ou mais atraente.

Durante centenas de anos, as pessoas têm caçado tubarões por causa da pele, das nadadeiras, do óleo, dos dentes e da carne. Uma vez curtida e livre de dentículas, a pele de tubarão de boa qualidade tem o dobro da resistência à tensão do couro de vaca, e tem sido usada há muito para fazer diversos artigos de couro. Os pescadores usavam a pele como lixa, e o padrão da superfície da pele foi usado por artesãos para decorar diversos objetos, como tinteiros, castiçais, facas e carteiras. Dentes de tubarão têm sido muito usados em joalheria, bem como em pontas de flechas e serras. O óleo do fígado do tubarão-areia — abundante nas águas do litoral da Austrália, onde é chamado de enfermeira cinza — já alimentou as lâmpadas de Sidney. Mas o principal uso dos tubarões é como alimento.

A carne de tubarão é comestível e muito apreciada em alguns lugares do mundo. Dado que todo o óleo do tubarão encontra-se no fígado, a carne é seca e geralmente magra, e seu sabor é similar à do peixe-espada.

Entretanto a carne de tubarão não é muito popular na América do Norte, em parte porque a frase "carne de tubarão" tem conotação negativa. A idéia de que tubarões são "devoradores de homens" parece tê-los transformado particularmente em pouco apetecíveis. Também tem havido algum receio de que o hábito alimentar do tubarão poderia fazer sua carne ser tóxica. Sendo os tubarões comedores de carniça, eles acumulam metais pesados. Esses metais (por exemplo, mercúrio, níquel e cobre) — chamados de "pesados" porque têm alto peso molecular ou elevado número atômico — são geralmente tóxicos em grandes quantidades, mas podem ser importantes para a saúde em quantidades mínimas. Enquanto os metais pesados estão presentes normalmente em níveis marginais na carne de tubarão, eles não são detectados na cartilagem. Uma vez que a cartilagem não possui vasos sanguíneos, não há como os metais pesados serem levados até ela. Esta é uma razão pela qual os chineses nunca sofreram quaisquer efeitos colaterais da sopa de barbatana (cartilagem) de tubarão, que vêm tomando há gerações.

Uma outra razão para a carne de tubarão não ser apreciada nos Estados Unidos é que ela pode ter cheiro amoniacal se o sangue não for drenado logo após a captura do peixe. Salgar ou congelar a carne imediatamente corrigiria este problema. Com apropriado manuseio e preparo, o filé desossado de tubarão-branco está sendo aceito na Costa Oeste, e tem até uma receita dele na última edição do muito conhecido *Joy of cooking* (O prazer de cozinhar). Ao que parece, a indústria da pesca do tubarão está começando a germinar.

A pesca comercial do tubarão na atualidade é realizada na plataforma continental (planícies em redor dos continentes, fora das quais o leito do oceano desce profundamente), próximo aos estuários de grandes rios, e onde quer que uma boa provisão de alimento origine abundante vida marinha. Tubarões são encontrados com freqüência junto ou perto de cardumes de atum, onde o alimento é farto. Os pescadores de atum pegam muitos tubarões, mas raramente recolhem a carne, visto que seu valor comercial tem sido baixo até agora. Esses pescadores querem usar o espaço nas suas câmaras frigoríficas para armazenar carne de atum, cujo preço é maior. Quando um tubarão é levado a bordo de um navio pescador de atum, suas nadadeiras são tiradas e secadas ao sol e a carcaça é habitualmente jogada de novo no mar. Quando os barcos chegam ao porto, as tripulações vendem as nadadeiras, que os chineses usam para preparar sopa. Após longas jornadas de trabalho no mar, as tripulações usam o dinheiro para financiar orgias em terra. Onde o tubarão é pescado diretamente para fins comerciais, tem-se muito menos desperdício e menos oportunidade de a matança irresponsável pôr em risco a espécie.

Naqueles países que têm pequenas frotas pesqueiras envolvidas em pesca exclusivamente local — por exemplo, México, Costa Rica, e outros países da América Central; Cuba e outras nações caribenhas, e muitos países africanos —, o tubarão é aproveitado por inteiro. A carne é salgada ou consumida fresca, e as peles são, com freqüência, transformadas em couro. As nadadeiras, a parte mais valiosa do tubarão em termos econômicos, são vendidas para serem usadas no preparo de sopa. Pode-se preparar sopa de barbatana de tubarão com qualquer ou todas as diversas nadadeiras do tubarão — dorsal, inferior da cauda e as duas peitorais, ou grandes laterais. Um conjunto completo de nadadeiras secas ao sol de um tubarão, pesando uns 70 quilos, vale mais de 150 dólares. Um chinês rico paga de 10 a 20 dólares por uma tigela de sopa de barbatana de tubarão.

A sopa de barbatana de tubarão tem sido consumida pelos chineses há muitíssimos anos, usualmente todos os dias e em grandes quantidades. Os chineses há muito tempo reconhecem os benefícios da cartilagem contida nessa sopa. Consomem cartilagem de tubarão na crença de que é um afrodisíaco e elixir da juventude. Uma vez que as fibras cartilaginosas são a parte desejada da sopa de barbatana de tubarão, esta história de consumo é legítima evidência da ausência de toxicidade e de efeitos prejudiciais na cartilagem de tubarão.

É interessante também notar que a incidência de diversas formas de câncer (notadamente câncer de mama) é muito menor na China do que nos Estados Unidos. Pesquisadores concordam em que a dieta é um dos fatores responsáveis pela diferença. As fibras de proteína, semelhantes a espaguete (ver Figura 1.3), que são o principal componente da sopa de barbatana, são iguais às achadas no esqueleto cartilaginoso do tubarão. Essas fibras, quando adequadamente processadas como pó de cartilagem de tubarão, proporcionam à saúde os surpreendentes benefícios tratados neste livro.

Usos salutares de produtos de tubarão não são novidade. Até o fim da Segunda Guerra Mundial, o óleo de fígado de tubarão foi, como já comentamos neste capítulo, a fonte básica de vitamina A — de efeito terapêutico — no mundo. De fato, o óleo de fígado de tubarão fornece 10 vezes a quantidade de vitamina A contida no sempre detestado óleo de fígado de bacalhau. Em 1939, no auge da produção de óleo de tubarão, foram capturadas nove milhões de toneladas de tubarões para extrair o óleo. A indústria acabou em 1950, quando a vitamina A foi sintetizada. Em vista da ênfase atual em produtos e conservação naturais, talvez o óleo de fígado de tubarão possa tornar-se novamente uma fonte habitual de vitamina A.

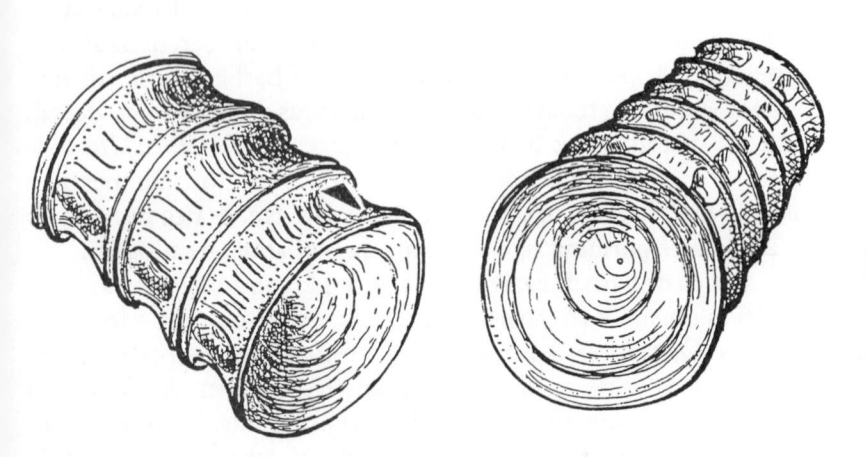

Figura 1.3. O desenho de um corte da cartilagem da coluna do tubarão revela os filamentos de proteína e a matriz na qual as fibras de proteína estão encravadas.

O Dr. Morton Walker, jornalista especializado em medicina, ressalta que os tubarões podem fornecer mais do que vitamina A; ele chama o tubarão de "usina nutritiva flutuante". O Dr. Walker diz que além da vitamina A, o fígado de tubarão é rico em uma substância que, segundo afirma a cientista sueca Dra. Astrid Brohult, favorece a cura de tecidos humanos danificados. Esta substância também ajuda a formar leucócitos, motivo pelo qual um médico norueguês crê que comer carne branca de tubarão pode ser um meio de defesa contra os efeitos prejudiciais da radiação.

Os tubarões também provaram ser úteis no tratamento de vítimas de queimadura. Em 1979, no Hospital Geral de Massachusetts, em Boston, uma equipe dirigida pelo Dr. John F. Burke, cirurgião e chefe de serviços de emergência, usou cartilagem de tubarão para produzir um eficiente substituto da pele humana para o tratamento de queimaduras. É princípio elementar da terapia em queimados a remoção da pele destruída pelo calor que provocou a queimadura. No entanto, tecido, músculo e gordura expostos devem ser cobertos imediatamente. Dr. Burke estava convencido de que se podia criar uma pele artificial que funcionasse como pele humana sem quaisquer problemas de rejeição. Os esforços do Dr. Burke foram apoiados pelo físico-químico Ioannis V. Yannas, membro do corpo docente do MIT, que se especializou no estudo do colágeno, componente fundamental tanto da pele como da cartilagem.

O Dr. Yannas sabia que a pele contém fibras de colágeno e também uma estrutura complexa chamada GAG (glicosaminoglican). Ele achava que seria possível combinar, no laboratório, colágeno e GAG, tratando-os química e fisicamente para formar um material elástico e poroso que estimulasse o crescimento de células de pele sadia ao seu redor. O GAG foi extraído da cartilagem de tubarão e misturado numa solução de colágeno extraído de pele de vaca. Em seguida o material foi congelado e desidratado, processado, moldado e esterilizado. Adesivos de silicone foram acrescentados para simular a camada superior da pele humana.

A substância foi testada pela primeira vez em 1979, numa vítima de desastre de carro com queimaduras que cobriam perto de 60% do corpo. A pele artificial foi deixada no lugar por três semanas. Quando ela foi retirada, havia um "acolchoado" de tecido novo com vasos sanguíneos irrigando-o. Testes posteriores mostraram que os terminais nervosos tinham se regenerado.

Além do seu uso em pele artificial, a cartilagem de tubarão, na forma de cápsulas, pós, cremes, supositórios e injeções, tem sido usada desde o início da década de 70 na terapia de doenças inflamatórias. E muito mais usos da cartilagem de tubarão para a saúde ainda podem ser descobertos

UTILIZAÇÃO EM VEZ DE DESPERDÍCIO

Em razão dos muitos usos comerciais do tubarão, muita coisa tem sido escrita quanto à possibilidade de pesca predatória. Atualmente, grandes quantidades de tubarões — estima-se que de cinco a sete milhões — já estão sendo capturadas todos os anos. Esta cifra é determinada com base em cálculos realizados a partir do volume de nadadeiras de tubarão desidratadas importadas anualmente por Hong Kong e Cingapura e transformadas na popular sopa de barbatana de tubarão. Este volume tem sido constante ou crescido moderadamente por no mínimo 15 anos, o que leva a supor que existe uma reserva razoavelmente sadia e abundante. Certamente é preciso evitar níveis graves de excesso de pesca, mas o que é realmente necessário é uma maior utilização do tubarão, em vez de se desperdiçar este valioso recurso.

Em áreas de veraneio nos Estados Unidos — como Miami (Flórida), Long Island (Nova York) e sul da Califórnia — centenas de pescadores esportivos abusam todos os anos da pesca de tubarões. Essas áreas localizam-se geralmente bem além da faixa equatorial onde a concentração de tubarões é maior. Sendo que os tubarões ocupam muitas vezes um determinado território, a pesca excessiva em áreas muito distantes de centros de alta população de tubarões pode reduzir gravemente a população em tais áreas. Além do mais, os centros de veraneio nessas áreas têm aproveitado com freqüência as zonas à beira-mar, reduzindo assim significativamente as terras úmidas e, portanto, a capacidade de reprodução de toda a vida marinha. Os tubarões, que vivem à custa de outros tipos de vida marinha, são assim duplamente afetados por centros turísticos que exploram a pesca esportiva.

A população de tubarões também está sendo reduzida atualmente por alguns pescadores de atum, e outros, que usam grandes redes de arrasto. Dos tubarões capturados para aproveitamento das nadadeiras, por pescadores da frota atuneira, aproximadamente 95% são jogados ao mar, mortos, após a extração das nadadeiras, como já comentamos. Este desperdício de carne e cartilagem visando a coleta de nadadeiras é um terrível esbanjamento de um recurso muito valioso, recurso que poderia ser útil na prevenção e cura de algumas das piores doenças do homem.

Eu sei agora que podemos utilizar os tubarões para melhorar nossas vidas. Esta possibilidade é ainda mais empolgante porque se refere a doenças contra as quais a medicina moderna tem sido, de modo geral, ineficaz. São doenças em que os procedimentos terapêuticos correntes são amiúde bastante arrasadores, produzindo efeitos colaterais às vezes mais destrutivos que as próprias doenças.

O tubarão, excitante e notável, sempre fascinou as pessoas, sobretudo em face do medo e da admiração que lhes causa esta criatura marinha superior. Agora, em virtude da descoberta do significativo benefício para a saúde trazido pela cartilagem de tubarão, eles estão fadados a desempenhar um papel cada vez mais importante na vida moderna.

2.

Na pista

> *Cientistas do Instituto de Tecnologia de Massachusetts (MIT) descobriram uma substância na cartilagem de tubarão que torna mais lento o crescimento de novos vasos sanguíneos na direção dos tumores sólidos, interceptando assim o crescimento do tumor.*
>
> Warren E. Leary
> Redator de Ciência da Associated Press

Uma das razões pelas quais os tubarões são tão longevos é o fato de serem das poucas criaturas viventes que quase nunca contraem câncer. Parece agora que a abundância de cartilagem nos tubarões pode explicar por que esses peixes não são propensos ao câncer, e talvez forneça ao homem um meio de evitar e curar esta doença tão devastadora. Mas esse conhecimento não surgiu da noite para o dia. Ele evoluiu, sim, lentamente, aos pouquinhos, como um conto de detetives.

Do mesmo modo que os detetives, os cientistas acumulam indício sobre indício, seguindo uma pista até toda informação ter sido colhida e o mistério ser resolvido. Só que na ciência o trabalho de detetive é chamado de pesquisa e a pista começa a partir de uma hipótese, uma idéia a ser provada ou refutada. Os indícios raramente são descobertos em salas de visita onde mordomos servem xerez. Eles resultam de experiências e estudos de casos que podem finalmente levar a "resolver o mistério" e ao controle de uma temível doença.

A PISTA COMEÇA

Nos Estados Unidos, uma das primeiras experiências visando o controle do câncer envolveu um fator nas células que pudesse causar a morte (necrose) de um tumor. Chamado hoje de fator de necrose tumoral (TNF), suspeitava-se da sua existência desde que o Dr. William B. Coley, pesquisador e cirurgião do Memorial Hospital de Nova York, entre 1892 e 1931, testou uma nova terapia na década de 1890. O tratamento de pacientes com câncer feito por Coley, por meio de uma vacina preparada a partir de bactérias mortas misturadas, resultava algumas vezes em regressão do tumor. Anos depois, outros pesquisadores que trabalhavam com ratos descobriram que a vacina de Coley provocava sangramento interno nos tumores, tornava-os pretos e ressecava-os, processo chamado de necrose hemorrágica. Testes posteriores com a vacina mostraram que ela não matava tumores mantidos vivos em tubos de ensaio, descoberta que levou à busca de forças anticancerígenas dentro do organismo vivo que pudessem ser estimuladas com produtos bacterianos. Na década de 70, esta força — fator de necrose do tumor — foi identificada, demonstrando-se depois que ela danifica os vasos sanguíneos que alimentam os tumores. O dano causado aos vasos sanguíneos reduz o fluxo de sangue e oxigênio para as células do tumor, que então definha e morre.

Assim que o fator de necrose do tumor — isto é, um fornecimento reduzido de sangue e oxigênio — foi identificado, restava aos pesquisadores determinar qual a melhor maneira de suprimir o fornecimento. A hipótese de um investigador da Nova Inglaterra, que trabalhou três décadas após a morte do Dr. Coley, colocaria outros pesquisadores na trilha que levou à descoberta que se discute neste livro. E é mesmo notável que uma região famosa por sua indústria pesqueira tenha gerado sem saber uma teoria cujo sucesso dependeria de um peixe!

CRESCIMENTO DE TUMOR *IN VITRO* FORNECE UM INDÍCIO

Nos anos 60, em Boston, Massachusetts — lar do bacalhau e da lagosta —, o Dr. Judah Folkman, do Hospital Infantil e da Escola de Medicina de Harvard, trabalhava em torno de uma hipótese sobre a natureza dos tumores. Um tumor é tecido novo feito de células que crescem de forma descontrolada. No tecido normal, o crescimento é limitado; a taxa de reprodução celular é igual à taxa de morte celular. Tumores podem ser benignos ou malignos. Os tumores benignos raramente são fatais, embora possam interferir com as funções normais do corpo. Os tumores malignos proliferam-se e invadem tecidos normais circundantes, metastatizando (espalhando-se por outras partes do corpo) por fim através dos vasos sanguíneos do sistema linfático. Essa duplicação descontrolada das células cancerosas é que as torna tão ameaçadoras — uma massa tumorosa em crescimento irá enfim sufocar órgãos vitais, privando-os de nutrientes e outros recursos. Quando órgãos vitais morrem, também o portador deles morre. Prevenir o câncer e/ou as fatalidades causadas pelo câncer poderia depender, logo, de sustar a duplicação descontrolada das células.

Como todos os pesquisadores da época, o Dr. Folkman sabia que os tumores têm — e exigem — um rico abastecimento de sangue para alimentar seu crescimento. Nos seus estudos com animais, o Dr. Folkman notou que os tumores implantados em órgãos isolados — órgãos mantidos fora do corpo, *in vitro* (em ambientes artificiais) — cresciam só até uns poucos milímetros de diâmetro. Os mesmos tumores, quando implantados em camundongos, cresciam rapidamente, matando-os. Qual era a diferença entre um órgão mantido num meio líquido e um órgão que funcionava em um organismo vivo? Nos organismos vivos — os camundongos —, os tumores desenvolviam uma rede sanguínea; no meio líquido, não. Passaram-se vários anos mais antes que o significado desta descoberta fosse completamente compreendido.

Os pesquisadores entenderam finalmente que em órgãos isolados o endotélio capilar — a camada de células que recobre os capilares — degrada-se rapidamente, causando a morte dos capilares.

Sem os pequeninos vasos sanguíneos para nutri-los, os tumores não podem crescer.

Então, em 1971, o Dr. Folkman publicou sua hipótese, hoje famosa, no *The New England Journal of Medicine*. Seus pontos principais eram:

- Tumores não podem crescer sem uma rede de vasos sanguíneos que os alimentem, e deles retirem os produtos excretados.

- A inibição do desenvolvimento de vasos sanguíneos poderia ser uma terapia em potencial contra o câncer.

A teoria do Dr. Folkman parece bastante simples. Mas ela era como chave sem fechadura. Levou quase 20 anos até a teoria ser usada para abrir portas que conduzissem ao controle da doença. Um dos primeiros passos na caminhada de 20 anos foi entender o processo que o Dr. Folkman apresentara como hipótese, processo que veio a ser conhecido como *antiangiogênese*.

O termo *angiogênese* foi cunhado em 1935, para descrever a formação de novos vasos sanguíneos na placenta durante a gravidez. Ele deriva das palavras gregas *angio*, que significa sangue, e *genesis*, que significa formação de. O termo angiogênese hoje em dia refere-se à formação de novos vasos sanguíneos durante o desenvolvimento ou crescimento de um indivíduo, ou à substituição de vasos feridos em tecido existente.

Em um adulto normal, a rede sanguínea está bem consolidada. A angiogênese ocorre apenas raramente — durante a ovulação e a gravidez, na cura de ferimentos e fraturas e em certos quadros cardíacos e/ou circulatórios. Fora isso, a única vez em que a angiogênese — também chamada de *neovascularização* — parece acontecer é no decorrer do desenvolvimento de um tumor ou outra enfermidade associada à necessidade de uma nova rede sanguínea. Somando esses fatos, o Dr. Folkman achou que se a angiogênese pudesse ser detida o crescimento do tumor seria detido. Sem uma rede de vasos sanguíneos para abastecê-lo com nutrientes e remover materiais residuais, o tumor simplesmente morreria. Sem nutrição, não pode haver crescimento algum; é simples assim! Mas onde se poderia achar inibidores, ou como poderiam ser desenvolvidos?

Os pesquisadores decidiram procurar um inibidor da angiogênese na cartilagem. Eles raciocinaram que, dado que a cartilagem é avascular (sem vasos sanguíneos), talvez ela tivesse uma forma de impedir os vasos sanguíneos de se desenvolverem. (Ver "Por que a cartilagem é antiangiogênica", na página 61.) Segundo a Dra. Patricia D'Amore, do Laboratório de Pesquisa Cirúrgica, do Hospital Infantil de Boston, "O que fundamenta o uso de extratos de tecido avascular é que esses tecidos são desprovidos de vasos pois contêm inibidores da angiogênese".

Os vasos sanguíneos aparecem na cartilagem só como etapa preliminar à formação do osso durante a fase fetal, ou à calcificação que ocorre nos quadros artríticos. Nessas ocasiões, a capacidade da cartilagem de inibir a angiogênese parece perder sua eficácia.

ACHANDO UM INIBIDOR DA ANGIOGÊNESE

Em 1973, pesquisadores do Centro Médico Rush-Presbyterian-St. Luke, em Chicago, implantaram pequenos pedaços de cartilagem em uma membrana fetal de um embrião de pintinho. Essa membrana é chamada "corioalantóide". Os pesquisadores observaram que a cartilagem não era invadida por vasos sanguíneos, embora eles invadissem outros tecidos implantados.

A partir de meados da década de 70, uma outra equipe de cientistas, trabalhando no Instituto de Tecnologia de Massachusetts, MIT, também estava estudando a inibição da vascularização. O Dr. Robert Langer e a Dra. Anne Lee relataram, na prestigiosa publicação *Science*, que a cartilagem encontrada nos ombros de bezerros poderia inibir a vascularização de tumores sólidos. Na sua experiência, Langer e Lee injetaram extrato de cartilagem dos ombros de bezerros, em coelhos e camundongos. Embora os animais não apresentassem sinais de toxicidade, o crescimento de novos vasos sanguíneos na direção de tumores implantados cessou, e o crescimento de tumores parou.

Por que a cartilagem é antiangiogênica

Nos últimos anos, a observação de embriões de pintos deu aos cientistas muita informação sobre o desenvolvimento e as propriedades especiais da cartilagem. Os cientistas notaram que nos embriões de pintos o "botão" de um membro é alimentado por capilares. Um dos capilares perto do centro do membro logo se avoluma e forma a principal artéria do membro. Próximo a esta artéria, no âmago do membro, os capilares restantes desaparecem. Em torno do quarto dia de desenvolvimento do embrião (meio dia antes de as células do membro adotarem cursos específicos de desenvolvimento), não resta qualquer capilar no centro do membro. Na borda do membro, a artéria principal vira um complexo leito capilar.

As células bem no centro do membro provavelmente produzem uma substância que inibe a vascularização. Essas células, enfim, desenvolvem-se, formando cartilagem. A substância que inibe a vascularização parece estar presente na cartilagem até o fim da vida do tecido, e é, provavelmente, a razão pela qual a cartilagem é antiangiogênica.

A pesquisa no MIT teria avançado na busca de um inibidor da angiogênese bastante rapidamente, mas seu prosseguimento foi prejudicado. O Dr. Langer e a Dra. Lee afirmaram que isto ocorreu devido à escassa provisão de extrato de cartilagem, causada pelo fato de que os mamíferos têm apenas pequena quantidade de cartilagem. Esses pesquisadores decidiram, portanto, voltar-se para os tubarões, cujos esqueletos são inteiramente compostos de cartilagem. A decisão deles não era de todo sem precedentes. O Dr. Carl Luer, bioquímico do Laboratório Marinho Mote em Sarasota, Flórida, já estava fazendo pesquisa que envolvia tubarões e doença. A pesquisa dele baseava-se num fato que era bem conhecido havia quase 12 anos — tubarões raramente desenvolvem câncer, naturalmente ou quando expostos a quantidades maciças de produtos químicos altamente carcinogênicos.

TUBARÕES RESISTEM NATURALMENTE AOS TUMORES

Quando o Dr. Luer expôs tubarões a altos níveis de aflatoxina B_1, uma substância considerada muito carcinogênica, os animais não apresentaram elevada incidência de tumores. A aflatoxina B_1 é realmente precursora de um carcinógeno. Quando a aflatoxina é ativada, o produto resultante liga-se ao ADN e provavelmente ataca genes que, caso contrário, evitariam a manifestação do câncer nas células. A aflatoxina é ativada no fígado através da ação de certas enzimas. O Dr. Luer e seus colegas da Universidade Clemson descobriram que fígados de tubarão têm apenas 20% da capacidade de ativar a aflatoxina B_1 do fígado do bezerro. Infere-se daí que os tubarões possam ter só 20% das chances que os bezerros têm de desenvolver câncer. Isto parecia coerente com a baixa incidência de tumores em tubarões. Em outras palavras, talvez os tubarões possam estar sujeitos, sob as mesmas condições, a apenas 20% das probabilidades de desenvolver câncer que pesam sobre os bezerros.

O Dr. Luer dirige atualmente experiências que visam a determinar por que os tubarões resistem ao câncer. Ele recebe cartilagem de tubarões das espécies touro e de banco de areia, das águas do litoral da Flórida. Testes de extratos de proteína da cartilagem indicaram que existem seis ou sete proteínas com a capacidade de evitar o crescimento de vasos sanguíneos.

CARTILAGEM DE TUBARÃO É COMPARADA COM CARTILAGEM BOVINA

De posse do mesmo conhecimento relativo aos tubarões que o Dr. Luer, o Dr. Langer e a Dra. Lee começaram seu segundo estudo sobre antiangiogênese preparando um extrato de cartilagem de tubarão que contivesse a forma mais pura possível do inibidor da angiogênese. Esse extrato foi colocado em bolinhas de polímero, que foram implantadas em cavidades atrás das córneas de coelhos brancos da Nova Zelândia. Em seguida, implantou-se atrás das bolinhas uma variedade virulenta de carcinoma. Alguns animais do grupo de controle também receberam implantes de tumores e bolinhas, mas estas não continham o extrato de cartilagem de tubarão.

O Dr. Lang e a Dra. Lee observaram que os implantes de tumor provocavam o crescimento de vasos sanguíneos na direção deles, a partir da margem da córnea. Usando sofisticadas técnicas microscópicas, os pesquisadores mediram o comprimento dos vasos mais longos. Em três estudos separados, eles comprovaram que o extrato inibia a angiogênese. Todos os animais do grupo de controle (não tratados) tinham grandes tumores tridimensionais com vasos sanguíneos com cerca de seis milímetros. Já os animais que haviam recebido implantes de cartilagem não apresentavam tumores tridimensionais nem qualquer vascularização ao redor das bolinhas. Nessas córneas tratadas, o comprimento médio dos vasos sanguíneos era de um milímetro e meio, 75% mais curtos do que a média nos animais do grupo de controle.

Esses estudos levaram apenas 19 dias. O crescimento do tumor começou no dia 14, quando a rede sanguínea estava no seu lugar. Assim que puderam receber nutrientes, os tumores cresceram dramaticamente em apenas cinco dias.

O estudo teve um segundo resultado, que viria — finalmente — colocar o tubarão no primeiro plano da pesquisa sobre angiogênese. Descobriu-se que os extratos de cartilagem de tubarão requerem muito menor purificação que os extratos de cartilagem bovina, para conseguir a inibição da angiogênese. Pelo fato de ter muito pouca gordura aderida, se comparada à cartilagem bovina, a de tubarão pode, a princípio, ser considerada "mais pura". Portanto, ao passo que se pode recuperar um miligrama de extrato inibidor de câncer a partir de 500 gramas de cartilagem de bezerro, Langer e Lee revelam que a mesma quantidade de inibidor pode ser extraída de apenas meio grama de cartilagem de tubarão. Em outras palavras, são necessários 500 gramas de cartilagem de bezerro para produzir um miligrama de uma substância capaz de inibir o crescimento vascular em 70%. Isto é menos inibição da obtida com um milésimo desse material, derivado do tubarão, quer dizer, peso a peso, a cartilagem de tubarão é *mil vezes* mais potente como inibidor do câncer do que a cartilagem extraída de vacas e outros mamíferos. Além disto, a quantidade de cartilagem no tubarão médio é muito maior que a quantidade de cartilagem no bezerro médio.

PROVANDO O POTENCIAL MÉDICO DA CARTILAGEM

Embora Langer e Lee tivessem provado a eficácia da cartilagem de tubarão como inibidora da angiogênese, a pesquisa deles pareceu perder força. Aliás, um importante estudo clínico publicado *dois anos depois* ocupava-se do tratamento de câncer usando extratos de cartilagem bovina. Esse estudo foi publicado em 1985 pelo cirurgião Dr. John Prudden, formado em Harvard, um dos pioneiros no uso de cartilagem para acelerar a cura de ferimentos.

Apesar da evidência apresentada pelos estudos feitos no MIT — estudos que o Dr. Prudden relaciona como referências na sua própria publicação —, Prudden continuou a empenhar-se na pesquisa com bovinos. Seu trabalho é de importância fundamental, porque ele estabeleceu a validade do uso de cartilagem de qualquer tipo em aplicações medicinais. Seus estudos anteriores com cartilagem haviam mostrado efeitos benéficos na cura de ferimentos quando se aplicava pó de cartilagem de diversas fontes, como preparação tópica. É interessante assinalar que textos cirúrgicos *atuais* incluem rotineiramente comentários sobre possíveis usos de preparações de cartilagem animal para acelerar a cura de ferimentos, tratamento experimentado pelo Dr. Prudden em *1960!* A inclusão desta informação nos textos é uma mudança notável na medicina tradicional, porque as maiores autoridades sempre afirmaram que a cura de ferimentos no animal sadio, animal cujo sistema endócrino fosse normal e que estivesse em boas condições nutricionais, ocorreria num certo ritmo, independente do uso de quaisquer aceleradores do processo de cura. A aceitação da crença que uma preparação de cartilagem pode apressar a cura mesmo em animais sadios tornaria mais fácil, para a comunidade médica tradicional, aceitar as outras propriedades das preparações à base de cartilagem.

O estudo sobre câncer do Dr. Prudden também é muito empolgante porque pela primeira vez pacientes com câncer foram tratados com sucesso usando cartilagem como estimulador do sistema imunizador e inibidor moderado da angiogênese. Imaginem só — quando pacientes cancerosos recebiam cartilagem bovina, seus tumores encolhiam, e *a cartilagem de tubarão é considerada mil vezes mais efetiva como inibidor da angiogênese*. Além do mais, a cartilagem de tubarão tem a mesma capacidade de estimulação do sistema de imunidade que a cartilagem bovina.

No estudo do Dr. Prudden, 31 pacientes com diversos cânceres e tumores foram tratados. Prudden constatou um importante efeito inibitório usando cartilagem bovina oral e injetada. A resposta do paciente foi acompanhada num período de 11 anos para aferir o sucesso do tratamento a longo prazo.

Dr. Prudden iniciara o estudo em 1972, com pacientes para os quais acreditava-se que radiação e quimioterapia convencionais não surtissem efeito algum. A taxa de sobrevivência dos pacientes aumentou quando eles receberam a cartilagem de bezerro, que foi injetada primeiro e depois administrada oralmente. A fase injetável era chamada de fase de carga. Duas a quatro injeções eram aplicadas em cada visita para formar uma dose de 100 mililitros por tratamento, repetida de uma vez por semana até dia sim, dia não. A fase de carga era dada como concluída quando tinham sido injetados dois mil mililitros, sendo que então começava a dosagem oral. A fase oral era de manutenção. Oito cápsulas, cada uma contendo

375 miligramas de cartilagem pulverizada, eram administradas de oito em oito horas. Não houve evidência alguma de que o horário da dose fosse crítico, desde que pelo menos nove gramas de cartilagem fossem ingeridas por dia, no mínimo em duas doses.

Também não houve evidência de nenhuma toxicidade; nunca foi relatada qualquer anormalidade nos exames da função renal ou hepática, ou nos hemogramas. Todos os testes de toxicidade exigidos pela Administração de Alimentos e Medicamentos (FDA) deram negativo, inclusive um estudo de carcinogênese de dois anos de duração e um outro, de 16 meses, visando determinar se ocorriam efeitos físicos na progênie (estudo de teratogenicidade). Os resultados da experiência apresentaram um quadro fantástico — o Dr. Prudden comprovou a regressão de tumores sem os efeitos debilitantes da quimioterapia, da radiação ou da cirurgia.

Ao avaliar os resultados, o Dr. Prudden considerava que um paciente tinha "resposta completa" quando toda a evidência clínica de um tumor ativo tivesse desaparecido durante, no mínimo, 12 semanas. Uma radiografia esquelética (imagem que mostra onde se concentra a substância radiativa) devia ter mostrado claramente melhoria, com todo dano e anormalidade (lesões) apresentando evidência de crescimento de osso renovado. Uma diminuição de 50% no tamanho de lesões medidas ou em quaisquer marcadores pré-tratamento do tumor (susbtâncias no corpo ligadas a um câncer) era considerada uma resposta parcial. Não poderia haver aumento simultâneo no tamanho de quaisquer lesões ou de marcadores, ou aparecimento de lesões ou marcadores novos; a resposta tinha de se manter por pelo menos 12 semanas. Considerava-se que um paciente tivera resposta mínima se apresentasse redução do tamanho do tumor menor de 50%, porém maior de 25%, além de redução de 25 a 50% nos marcadores do tumor, melhoria expressiva da dor nos ossos, e no exame clínico neurológico, nos casos de câncer no cérebro. Um incremento de pelo menos 25% no tamanho de qualquer lesão ou marcador de tumor, ou o aparecimento de qualquer nova lesão ou novo marcador, era considerado progressão da doença. A recidiva era definida como aparecimento de novas lesões, reaparecimento de antigas lesões em pacientes que tinham alcançado uma resposta total, ou um aumento de 50% ou mais na soma da massa de tumor mensurável em pacientes que tivessem tido resposta parcial.

Usando o critério acima, o Dr. Prudden concluiu que a cartilagem tinha um "importante efeito inibidor sobre uma ampla variedade de cânceres". Em 11 dos 31 casos (35%) foi observada resposta completa, com cura provável ou possível. Os 11 casos incluíam:

- Uma paciente com câncer do colo uterino, que à época da publicação do relatório de Prudden contava mais de sete anos sem reaparecimento da doença.

- Um paciente de carcinoma pancreático que estava há oito anos sem recorrência do câncer.

- Um paciente com câncer de células escamosas no nariz, com cinco anos sem recidiva da doença.

Em 26% dos casos foi registrada resposta completa com recidiva, e resposta parcial em 19%. Ao todo, 3% dos pacientes não apresentaram alteração e 3% tiveram progressão da doença. A conclusão do Dr. Prudden, publicada no *Journal of Biological Response Modifiers*, foi: "Quando defrontado com quadros como câncer pancreático, escamoso ou adenocarcinoma do pulmão, glioblastoma multiforme e outras situações nas quais a terapia atual é claramente impotente, o uso de terapia com Catrix (cartilagem de bezerro pulverizada) como agente principal deveria ser considerado. Um argumento persuasivo em favor do uso do produto dessa maneira é que, felizmente, contrastando com a quimioterapia, ele não queima nenhuma ponte imunológica ou hematológica."

Não tenho palavras para exprimir meu entusiasmo quando soube do trabalho do Dr. Prudden. Mas fiquei surpreso — e ainda estou — que o trabalho não tenha resultado em uma fila de pessoas procurando compreender o potencial da cartilagem como terapia para o câncer. Que eu saiba, o estudo do Dr. Prudden tem tido pouco ou nenhum prosseguimento. Um dos poucos cientistas que seguiram similar linha de pesquisa foi o Dr. Brian G. M. Durie, do Departamento de Medicina Interna do Centro de Ciências da Saúde da Universidade do Arizona. O Dr. Durie realizou pesquisa sobre efeitos antitumor da cartilagem bovina no mesmo ano em que o Dr. Prudden empreendeu seu trabalho. Um trabalho do Dr. Durie afirma que quando a cartilagem bovina foi aplicada diretamente a células tumorosas mantidas em tubo de ensaio ou outro ambiente artificial, praticamente todas as células morreram. Usando três linhagens de células de tumores humanos (culturas de tecido celular engendradas por três tipos específicos de células de tumores humanos) e espécimes frescos de biópsias de 22 pacientes com tumores malignos, o Dr. Durie pôde demonstrar a eficácia da exposição contínua a altas doses de Catrix contra espécimes de biópsias de tumores ováricos, pancreáticos, do cólon, testiculares e sarcomas. Talvez a sensibilidade mais expressiva tenha sido observada nas amostras de câncer ovariano. Isto é especialmente importante, pois quase metade dos cânceres ováricos são considerados inoperáveis. O Dr. Durie concluiu que os resultados obtidos com os extratos naturais de cartilagem justificavam exames adicionais *in vitro* e que se considerasse a realização de experiências clínicas mais extensas. Porém ninguém levou adiante essas experiências. Será possível que nada gire mais vagarosamente do que as rodas do sistema médico estabelecido?

As rodas parecem estar girando com torturante lentidão, quando se pensa que quase duas décadas depois da hipótese inicial do Dr. Folkman um outro pesquisador da Nova Inglaterra passou a afirmar que os inibidores de angiogênese não só fazem parar o crescimento do tumor, mas também evitam a disseminação de metástases.

A INIBIÇÃO DA ANGIOGÊNESE EVITA A METÁSTASE

Conforme um artigo publicado em 1988 pela Dra. Patricia D'Amore, "O único evento que medeia entre a manutenção de células metastáticas em estado latente e o estabelecimento das mesmas num tumor secundário é o desenvolvimento de uma vasculatura (sistema de vasos sanguíneos). Por conseguinte, terapias que visem interferir com a vascularização representam estratégias viáveis para a antimetástase".

A Dra. D'Amore manifestou a crença de que a vascularização é "evidentemente essencial para o estabelecimento e subseqüente crescimento de metástases". Ela também acreditava que a inibição da angiogênese podia ser um meio de se evitar a metástase. Este conceito seria provado conclusivamente um ano depois, por uma equipe de médicos de Boston da qual fazia parte o Dr. Folkman (ver página 71).

Enquanto isso, o Dr. Prudden, um dos primeiros "detetives" envolvidos no caso, não sumira da cena. Ele estava efetuando experimentos sobre os efeitos imunorreguladores da cartilagem. A pesquisa dele revelou que o Catrix-S, uma forma injetável do Catrix, estimulava a produção de anticorpos. Os carboidratos complexos da cartilagem, conhecidos como mucopolissacarídeos, aparentemente confeririam à cartilagem outros benefícios terapêuticos, além da inibição de angiogênese. Os mucopolissacarídeos é que têm efeito imunorregulador, e também têm um efeito antiinflamatório. Os mucopolissacarídeos condróitin sulfatos A e C são conhecidos há muito por combaterem a inflamação. Parecia agora que a forma como estes compostos se apresentam naturalmente na cartilagem de tubarão era mais efetiva que os mucopolissacarídeos obtidos por refinação sintética. Entretanto, este nível de efetividade, combinado com a antiangiogênese e os efeitos imunorreguladores na cartilagem integral parecem não ter dado aos pesquisadores razão suficiente para fazerem testes com a cartilagem integral natural. Mas o Dr. Langer continuou a trabalhar com afinco, usando seus extratos de cartilagem.

Em 1990, Langer e seus colaboradores publicaram um texto, na revista *Science*, no qual diziam ter identificado uma macromolécula específica, derivada da cartilagem, como forte inibidor da angiogênese. Os cientistas pareciam estar tentando isolar uma determinada proteína encontrada na cartilagem, que funcionaria como um inibidor da angiogênese. Este inibidor, como temos visto, teria o potencial de deter o crescimento do tumor e evitar a metástase. Nesse momento, Langer e seus colegas ainda procuravam o melhor inibidor possível, provando, segundo o artigo da *Science*, que a potência do inibidor de angiogênese aumentava com maior purificação.

O Dr. Langer e seus colaboradores conseguiram demonstrar graficamente que um extrato de cartilagem bovina impediria a neovascularização em organismos vivos. Suas experiências envolviam observações microscópicas de embriões de pintos fertilizados. Esses embriões foram colocados em placas de petri, e o extrato de cartilagem foi aplicado às superfícies dos embriões. Em repetidos testes, a análise microscópica revelou que em certas áreas dos embriões a vascularização estava sendo inibida (ver Figura 2.1). Este processo de teste, chamado de ensaio da membrana corioalantóica do pinto, ou ensaio CAM, levou os cientistas a concluírem que o estudo poderia explicar por que alguns tecidos eram resistentes à invasão de células capilares, e ajudar a entender como controlar o crescimento dos vasos sanguíneos.

Também em 1990, uma publicação de pesquisadores japoneses relatava o isolamento em estado natural de uma segunda proteína, e possivelmente uma terceira, na cartilagem de tubarão, responsável pela inibição da angiogênese. Essas proteínas eram diferentes das que foram descritas por Langer. Desta maneira, parece evidente que a cartilagem natural integral de tubarão tem provavelmente pelo menos dois, e talvez mais, inibidores de angiogênese independentes.

POR QUE PERGUNTAR-SE POR QUÊ?

Eu compreendo que cientistas são perfeccionistas e que teorias devem ser testadas várias vezes a fim de ficarem provadas conclusivamente. Entretanto não posso deixar de perguntar-me por que a ênfase em determinar exatamente *o quê* é que resiste à neovascularização em tecidos tais como a cartilagem. Quando vidas humanas estão em jogo, não basta saber que os tecidos *de fato* resistem à invasão e por conseqüência resistem à formação de tumores e metástases? Não basta saber que a cartilagem de tubarão é um produto de origem natural que tem sido usado como alimento por pessoas há incontáveis gerações? Por que deveria demorar mais meia dúzia de anos antes que a cartilagem de tubarão fosse testada em vítimas de uma das doenças mais aniquiladoras conhecidas pelo homem, uma doença tão temida que algumas pessoas nem falam a palavra "câncer"?

Em vez de conduzir a experiências clínicas, o rumo da pesquisa conduziu a um estudo, apresentado em *The New England Journal of Medicine*, em 3 de janeiro de 1991, provando a crença da Dra. D'Amore, de que, sem vascularização, há pouca metástase. O estudo foi realizado por uma equipe de quatro médicos, liderada pelo Dr. Noel Weidner, da qual fazia parte o Dr. Folkman. A experimentação com zonas de vascularização microscopicamente visualizadas deu firme evidência de que a metástase é tão dependente da angiogênese quanto os tumores. Os pesquisadores revelaram, em *The New England Journal of Medicine*: "A quantidade de neovascularização medida diretamente em seções histológicas (célula doente) de carcinoma de mama correlaciona-se com a presença de metástase, e esta informação pode ser útil mesmo antes de compreendermos por que ela é verdadeira."

Evidência experimental provou que há uma fase prevascular, assim como uma fase vascular, no desenvolvimento de carcinomas de colo do útero, bexiga e mama. Ao crescimento limitado do tumor no estágio prevascular seguem-se o crescimento rápido, sangramento e eventual metástase, que caracterizam a fase vascular. Os médicos demonstraram, além disso, que lesões com pouca vascularização têm taxa de metástase muito menor do que lesões com angiogênese avançada. Esta evidência é particularmente importante em casos de tumores de mama porque, como fora demonstrado previamente por pesquisadores, o câncer de mama começa a metastatizar quando os tumores são bastante pequenos. Mesmo procedimentos de detecção precoce podem chegar tarde demais para impedir a metástase, o verdadeiro assassino. (Os radiologistas, por exemplo, ao interpretarem mamografias, não podem detectar tumores com menos de meia polegada, a menos que forem densos.) Essa evidência significa que o potencial que a cartilagem de tubarão tem de deter a vascularização e assim parar a metástase pode ser realmente vital para a prevenção do câncer de mama.

Figura 2.1. Estas gravuras de ovos de pinto fertilizados mostram o crescimento dos capilares em condições normais e após o implante de uma bolinha contendo cartilagem de tubarão. O desenho A reproduz o campo microscópico de capilares que crescem dentro do saco vitelino de um ovo de pinto sob condições habituais. O desenho B mos-

O estudo de Weidner, envolvendo 49 mulheres com câncer de mama — 30 pacientes com metástases e 19 sem —, também mostrou a correlação entre vascularização e metástase do tumor. Contando o número de capilares e vênulas (pequenos vasos sanguíneos que recolhem sangue dos capilares) num campo microscópico de tecido de tumor extirpado, os pesquisadores puderam demonstrar que a angiogênese correlaciona-se com a metástase no carcinoma de mama. Além disso, eles determinaram que a densidade de microvasos (capilares e vênulas) tem correlação com o desenvolvimento de doença metastática. Ou, em outras palavras, as chances de metástase aumentam à medida que a contagem de vasos aumen-

tra o campo microscópico de capilares crescendo num embrião de pinto após ter sido implantada uma bolinha contendo cartilagem de tubarão. A cartilagem está tendo efeito antiangiogênico onde a bolinha foi implantada (na área da metade esquerda do desenho B), resultando no crescimento de menos capilares.

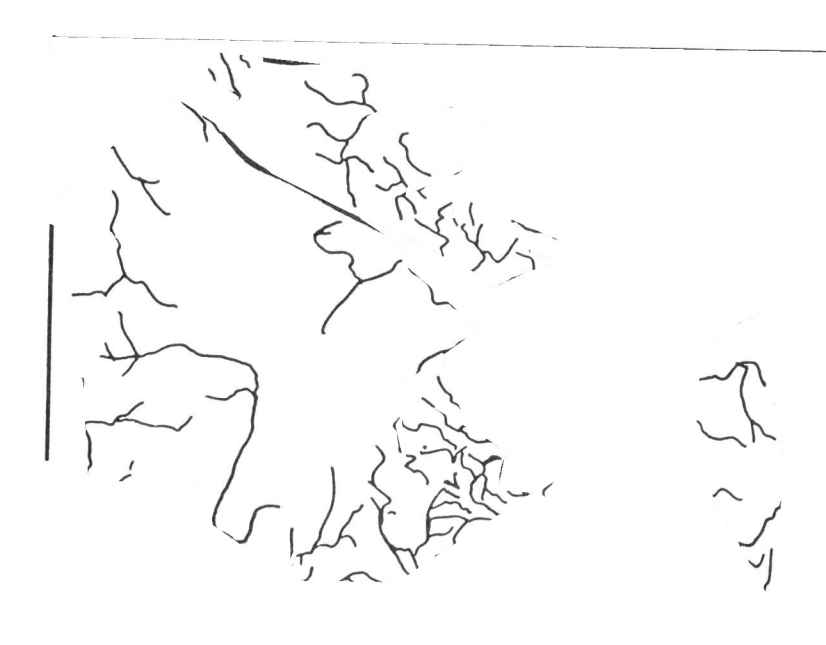

ta. Com até 33 vasos sanguíneos num campo de 200X, as chances de metástase são apenas de 14%; com 34 a 67 vasos sanguíneos por campo microscópico, as chances são de 45%; com 68 a 100 vasos sanguíneos por campo microscópico, as chances são de 71%; com mais de 100 vasos sanguíneos por campo microscópico, as chances são de 100%.

Os mesmos pesquisadores também classificaram a densidade de capilares e vênulas nos carcinomas de mama. Foi constatado que para cada incremento de 10 vasos na contagem de microvasos, o risco de metástase distante aumentava 1,17 vez.

Weidner e seus colaboradores concluíram que existe "significativa correlação entre a densidade de microvasos em seções histológicas de carcinoma invasivo de mama... e a ocorrência de metástases". Eles também escreveram: "Para uma célula de tumor metastatizar... as células do tumor precisam ter acesso à vasculatura a partir do tumor primário, sobreviver à viagem através da circulação, constituir a microvasculatura no órgão-alvo e nele induzir angiogênese."

É mais fácil as células do tumor penetrarem em capilares recentemente desenvolvidos do que em vasos maduros. A angiogênese proporciona, desta forma, uma rota perfeita para as células do tumor se movimentarem no sistema circulatório, causando metástase. Além disso, as células do tumor devem induzir angiogênese no local metastático, se pretenderem sobreviver. Isto ocorre com maior probabilidade quando o tumor primário é altamente angiogênico.

UMA PISTA VELHA DE DÉCADAS

Com o alvorecer da década de 90, mais de 20 anos haviam passado desde que a relação entre crescimento do tumor e angiogênese fora postulada pela primeira vez. E o que tínhamos? Prova positiva de que:

- Tanto o crescimento do tumor quanto a disseminação da metástase exigem o desenvolvimento de uma nova rede sanguínea.
- O desenvolvimento de uma nova rede sanguínea pode ser inibido com o uso de um extrato de cartilagem de tubarão.

Contudo, os pesquisadores ainda ignoravam o potencial terapêutico e profilático da cartilagem de tubarão. Em 1991, o Dr. Folkman investigou uma variedade de outros inibidores da angiogênese que poderiam ser usados como ferramentas terapêuticas e preventivas. No livro *Biologic Therapy of Cancer*, ele trata de 13 substâncias que inibem a angiogênese.

Uma das substâncias examinadas por Folkman é, como a cartilagem de tubarão, de origem natural, e tem sido usada para inibir a angiogênese. A heparina, um ácido mucopolissacarídeo presente em diversos tecidos, embora mais abundante no fígado e nos pulmões, tem sido usada há muitos anos como injeção intravenosa que impede a coagulação do sangue. Ela é, por isso, útil na prevenção e tratamento da trombose (quadro no qual desenvolve-se um coágulo dentro de um vaso sanguíneo) e da embolia pulmonar pós-operatória (quadro em que uma artéria do pulmão é bloqueada por material estranho), e na restauração de lesões vasculares. Entretanto a mesma propriedade anticoagulante, que é tão útil, torna seu uso inseguro como inibidor da angiogênese por longos períodos de tempo.

Uma outra dificuldade no uso terapêutico da heparina é que sua capacidade de causar angiogênese é variável. Esta variabilidade, e o difícil processo envolvido na síntese da heparina, mesmo de quantidades pequenas, têm estimulado a busca de substitutos. Muitas das possibilidades provaram ser tóxicas, e a efetividade de algumas parece limitar-se a situações específicas. Por isso, os testes foram efetuados com substâncias que pudessem ser combinadas com a heparina para neutralizar sua atividade anticoagulante e manter intata ou até reforçar sua capacidade de inibição da angiogênese.

Das 13 substâncias testadas pelo Dr. Folkman e revistas em *Biologic Therapy of Cancer*, todas — exceto a cartilagem — apresentaram algum nível de toxicidade e não poderiam ser usadas por um longo período. O uso de inibição da angiogênese como preventivo necessita de administração de longo prazo, logo, o nível de toxicidade deve ser muito baixo ou inexistente no inibidor ministrado. Quer a terapia antiangiogênica seja usada isoladamente ou em conjunto com quimioterapia convencional, o Dr. Folkman escreve, no livro citado: "É evidente que inibidores de angiogênese... podem precisar ser administrados por períodos prolongados. Essa terapia de longo prazo exigirá compostos de baixa toxicidade."

A toxicidade de muitos inibidores da angiogênese, além da dificuldade de sintetização deles, torna muito atrativo o uso de um produto natural como a cartilagem de tubarão. Porém, combinações heparina-esteróide são úteis como padrão de referência para medir a inibição da angiogênese. (Ver "Medindo atividade inibidora da angiogênese", na página 77.)

No ensaio CAM, a escala elaborada para avaliação, a hidrocortisona-heparina recebe um índice 0,55 a 0,75. O pó puro de cartilagem de tubarão, refinado de modo a conter pelo menos 39% de proteína e menos de 0,4% de gordura, recebe um índice de ensaio CAM mínimo de 0,85, variando até o máximo de 1,1. A potência da cartilagem de tubarão como inibidor da angiogênese aumenta com o aumento do seu conteúdo de proteína.

EXAMINANDO A EVIDÊNCIA

Respeitados pesquisadores de instituições de prestígio têm acumulado indícios na luta contra o câncer durante décadas. A evidência por eles reunida apresenta um quadro muito promissor. Vejam só:

- Poucos tubarões contraem câncer, se algum contrai.

- Tumores e metástases não podem desenvolver-se sem uma rede de vasos sanguíneos que o sustente.

- O crescimento do tumor depende do crescimento de novos vasos sanguíneos.

- O crescimento de novos vasos sanguíneos (angiogênese) não ocorre normalmente em adultos.

- Cartilagens não têm vasos sanguíneos.

- Esqueletos de tubarões são compostos principalmente de cartilagem.

- A cartilagem de tubarão é a substância atóxica mais efetiva para impedir a angiogênese. (É evidente agora que o efeito antiangiogênico é a principal arma da cartilagem de tubarão, arma que funciona em sinergia com os mucopolissacarídeos.)

Medindo atividade inibidora da angiogênese

A medição da atividade inibidora da angiogênese nos permite avaliar e comparar produtos e padronizar sua efetividade. Uma técnica chamada ensaio de membrana corioalantóica do pinto (CAM) é usada para medir a forma como um produto testado afeta a vascularização em uma membrana de um embrião recentemente fertilizado e incubado (ver Figura 2.1 nas páginas 72-73).

Uma bolinha contendo o material a ser testado é colocada diretamente sobre os vasos em desenvolvimento no embrião de pinto. Então, mede-se o desenvolvimento ou a inibição de novos vasos. Depois de se determinar o grau da nova vascularização, o produto testado recebe uma qualificação numérica, chamada índice de vascularização (VI). Um resultado 2 é perfeito, e 0 indica efeito nulo. Uma faixa de atividade CAM de 0,85 a 1,1 é considerada efetiva inibição da angiogênese.

Os produtos testados são comparados, muitas vezes, com uma combinação de heparina e cortisona formulada pelo Dr. Judah Folkman. Quando amostras de cartilagem de tubarão foram testadas, foi-lhes atribuída efetividade igual à do padrão heparina-cortisona. À medida que as técnicas de processamento melhoraram, a cartilagem de tubarão mostrou-se consideravelmente superior ao padrão heparina-cortisona. O índice de vascularização, bem como a área de vascularização reduzida geralmente ultrapassaram o padrão. Recentes desenvolvimentos na técnica de extração têm resultado em um produto de cartilagem de tubarão com maior concentração de proteína que, portanto, atingirá valores ainda maiores no ensaio CAM.

Através do índice da vascularização os consumidores podem ter certeza quanto à eficácia do produto. Adequadamente utilizada, esta importante ferramenta pode garantir que apenas produtos de cartilagem de tubarão de alta qualidade estão sendo oferecidos ao público.

Embora esses indícios estivessem se acumulando há mais de 20 anos, os pesquisadores não davam o passo final para resolver o mistério. Não houve testes da efetividade da cartilagem de tubarão na cura do câncer em seres humanos. Depois de esbarrar, literalmente, na informação que era do conhecimento dos cientistas havia tanto tempo, eu organizei todos os recursos que estavam ao meu alcance para levar adiante os estudos.

3.

Colocando a teoria em ação

> (...) *a terapia antiangiogênica poderia impedir o crescimento de grande variedade de tumores sólidos mesmo sendo administrada por períodos prolongados, com baixa toxicidade e baixa probabilidade de reação ao medicamento.*
>
> Dr. M. Judah Folkman
> Escola Médica de Harvard
> *Biological Therapy of Cancer*

Embora os detetives-cientistas soubessem que havia algo bem aí, o treinamento deles os condicionara a buscar um produto químico puro que pudesse ser isolado, sintetizado e patenteado. Assim se joga o jogo da pesquisa neste país. Uma empresa só tem um jeito de fazer um "avanço arrasador": obter a aprovação da FDA para um medicamento, de modo a poder registrar uma patente, proteger-se contra a concorrência, fazer propaganda e reembolsar os 231 milhões de dólares, aproximadamente, gastos nos testes exigidos pela FDA. Quando tomei conhecimento do potencial para uma cura do câncer — potencial que estava sendo deixado às moscas —, fiquei ao mesmo tempo surpreso, entusiasmado e estarrecido, e resolvi fazer algo a respeito disso. Enquanto os pesquisadores faziam testes, analisavam e repetiam os testes nos seus laboratórios, eu saí em campo, onde minha experiência me permitiu realizar coisas que os pesquisadores não arranjavam tempo para fazer. Embora eu tenha vasta formação científica e muitos anos de pesquisa, também sou um experiente empresário internacional.

UM ENFOQUE DIFERENTE PARA O CASO

Tendo feito a faculdade na época da Depressão, eu estudei na Escola de Agricultura da Universidade Cornell, que era gratuita. Naquele tempo, a Escola de Agricultura de Cornell era o lugar certo para se aprender sobre cultivo e agroindústria. Ela também oferecia muitos cursos na área de nutrição. Nos anos 30, a maioria das universidades tinha poucos ou nenhum curso sobre nutrição, mas Cornell oferecia suficiente variedade e profundidade para um estudante se especializar na área. E quanto mais eu aprendia sobre nutrição, mais me interessava por ela — tanto que continuei, até receber um mestrado em ciência nutricional, por Cornell, e um doutorado em bioquímica agrícola e nutrição pela Universidade Rutgers.

Minha sólida formação e meu continuado interesse na área resultam da qualidade dos meus professores. Eu tive a sorte de estudar sob a orientação de vários distintos pioneiros da nutrição, inclusive dois futuros ganhadores do prêmio Nobel — Dr. James B. Sumner, que ganhou o prêmio de química em 1946, e Dr. Selman Waksman, prêmio de fisiologia e medicina em 1952.

Na época em que terminei minha educação e meu serviço militar, o campo da ciência nutricional estava realmente assumindo uma posição de destaque. Eu obtive um cargo na área de pesquisa na indústria de rações, onde apresentei a idéia de misturar previamente e embalar complementos nutritivos para serem acrescentados à alimentação animal. Desta maneira, os fabricantes de ração poderiam ter uma mistura padrão que seria usada para fazer rações específicas para animais e aves. Posteriormente, me envolvi no aproveitamento do pescado como aditivo para ração.

A indústria da pesca nos Estados Unidos fora dominada por uma família, que possuía 60% da capacidade industrial instalada. Quando o Peru entrou no negócio, o fornecimento de pescado dobrou e os preços despencaram, transformando o negócio em pesadelo econômico. Mas eu achei que as coisas podiam ser recuperadas. E afirmei: "O negócio não pode cair ainda mais. Ele só pode crescer. Tentemos aumentar a porcentagem de pescado na ração para aves." Quando a porcentagem de pescado foi aumentada, os frangos se alimentaram melhor, e o mercado de pescado explodiu mais uma vez.

O surto me manteve ocupado viajando pelo país afora na condição de presidente da Associação Comercial do Pescado e líder de simpósios sobre as vantagens do pescado na indústria de ração, até ser contratado, por representantes da W. R. Grace e Companhia, para vice-presidente da nova Divisão de Recursos Marinhos. Nessa função, eu aprendi a comprar e a vender empresas, a financiar projetos, a ser um homem de ação mais do que um teórico. Suponho que aprendi bem minhas lições, porque logo o presidente Ronald Reagan me convocou para servir em missão presidencial, dando assistência à Guiné, país da África Ocidental. Esta nação, recentemente surgida, que primeiro foi esquerdista e depois direitista, estava tentando conseguir um lugar no mercado internacional. Seus líderes tinham identificado seus recursos-chave — pesca, agricultura e alumínio — e o presidente Reagan estava enviando agora um especialista em cada uma das áreas desses recursos a fim de identificar oportunidades de investimento. Meu ponto de vista prático conseguiu reconhecer grandes oportunidades para a indústria pesqueira, e conseqüentemente fui chamado para falar perante o Departamento de Estado sobre como pôr as coisas para funcionarem de maneira efetiva em países subdesenvolvidos. Porém, um outro trabalho de consultoria me colocou na trilha que estou percorrendo hoje.

COLHENDO OS PRIMEIROS INDÍCIOS

Eu me envolvi pela primeira vez com a pesca do tubarão quando trabalhava como consultor para o governo do xá do Irã. Em meados dos anos 70, o xá me pedira que desenvolvesse a pesca no golfo

Pérsico, muito antes que a maioria dos americanos sequer soubesse onde ficava o golfo Pérsico. Sugeri a pesca de tubarões, abundantes naquela zona de águas quentes. Por causa dessa consultoria, iniciei um estudo sério sobre tubarões, e quanto mais estudava, mais eles me fascinavam. Finalmente, eu mesmo resolvi entrar para o negócio de tubarões.

No Panamá, região com boa população de tubarões, eu conheci um agente-empresário que quis me ajudar a colocar no mercado os produtos para os quais eu via potencial. Ele conhecia o Dr. John Prudden e seu trabalho com cartilagem, de modo que me apresentou a ele, com a idéia de que o Dr. Prudden talvez quisesse comprar cartilagem, que eu poderia lhe fornecer. Até então, eu considerara a cartilagem apenas como uma sobra que iria com "o lixo" quando meu negócio estivesse funcionando.

Quando conheci o Dr. Prudden, em 1981, ele me contou tudo a respeito dos efeitos maravilhosos da cartilagem bovina. Lembro que eu comentei que não acreditava nisso. A cartilagem era vulgar demais para fazer coisas tão incríveis — eliminar a dor da artrite; curar psoríase, câncer e inflamação e assim por diante. Resolvi testar a teoria de Prudden, e disse:

— Eu tenho dor nas costas. Passe-me alguma das suas pílulas mágicas e vamos ver se essas coisas ajudam minha coluna e como.

Ele me deu algumas cápsulas de cartilagem, eu as tomei, e dito e feito, a dor foi embora definitivamente. Os resultados foram tão impressionantes que após três semanas minha dor diminuíra muito e minha mobilidade aumentara. Posteriormente, a esposa de um companheiro de negócios usou o mesmo preparado de cartilagem para aliviar um quadro artrítico que a impedia de levantar os braços até a altura dos ombros. Ela também fumava três maços de cigarros por dia, cuja fumaça irritava tanto seus olhos que ficavam constantemente vermelhos e inflamados. Após três semanas usando o preparado de cartilagem bovina, a mulher conseguiu entrelaçar as mãos sobre a cabeça, facilmente e sem dor. Além disso — por incrível que pareça —, seus olhos inflamados estavam brancos de novo.

Decidi que a cartilagem obtida no meu negócio com tubarões não mais seria destinada ao lixo. Mas havia muito por fazer: experimentar, arrumar dinheiro, aprender técnicas de fabricação e, acima de tudo, convencer céticos — inclusive eu mesmo.

Um dia, vários meses após meu encontro com o Dr. Prudden, recebi um telefonema de um amigo.

— Ligue a televisão! — ele gritou. — Na CNN, de meia em meia hora, estão dizendo: "Cartilagem de tubarão cura câncer."

Eu liguei a TV na CNN e, de fato, havia uma notícia referente ao trabalho de um pesquisador do MIT. Peguei o telefone, liguei para a CNN, e logo recebi uma cópia do resumo da Associated Press em que se baseava a notícia. Assim, soube o nome do cientista — Dr. Robert Langer. Na segunda-feira seguinte, liguei para o Dr. Langer, e fui convidado para uma visita.

No decorrer da visita, eu disse:

— Não quero mexer com nenhum produto medicinal, pois não tenho dinheiro nem recursos para conseguir a aprovação da FDA. Será que eu obteria os mesmos resultados que você obtém, se manipulasse cartilagem em estado natural com muito cuidado, usando processos aperfeiçoados de modo a não destruir sua atividade, e depois a administrasse oralmente?

Recordo-me claramente que o Dr. Langer me respondeu, com franqueza, que eu obteria algo provavelmente ainda *melhor* do que ele descrevera, porque a cartilagem tem diversos componentes ativos e ele estava medindo o efeito antiangiogênico de apenas uma proteína. E, profeticamente, ele estava certo, eu consegui mesmo algo melhor. Em 1990, pesquisadores japoneses provariam que há pelo menos mais duas proteínas na cartilagem de tubarão, além daquela com a qual Langer trabalhava, também com muita atividade antiangiogênica. Ao usarmos cartilagem integral, nós aproveitamos todas as três proteínas, além das características imunoestimulantes e antiinflamatórias dos mucopolissacarídeos. Quando os componentes trabalham em uníssono, há provavelmente um efeito sinérgico, isto é, o resultado é superior ao alcançado quando se usa cada componente separadamente. Esta é uma vantagem importante quando se utiliza produtos naturais.

PONDO-SE A TRABALHAR

Depois de encontrar o Dr. Langer, voltei para o Panamá, onde consegui 100 quilos de cartilagem boa e pura, que mandei congelar e trouxe para os Estados Unidos. Achei alguém que congelou a seco a cartilagem, e depois alguém que a pulverizou sob nitrogênio. Eu estava mesmo manipulando a cartilagem muito cuidadosamente.

Em 1985, levei esse produto de cartilagem integral para o Dr. Prudden e pedi que ele o comparasse com o seu produto. Prudden enviou-o para a Universidade do Arizona, onde o Dr. Durie (ver página 68) fez um estudo comparando a cartilagem de tubarão com a cartilagem bovina. O Dr. Durie me escreveu informando que os resultados com a cartilagem de tubarão eram tão bons quanto seus resultados médios com o preparado de cartilagem bovina, se não ligeiramente melhores. Isto foi confirmado posteriormente, por uma pesquisa de uma empresa farmacêutica internacional, que chegou à conclusão de que o preparado comercial de cartilagem de tubarão é consideravelmente melhor como inibidor da angiogênese que o Catrix, o preparado de cartilagem bovina feito por Prudden, e pelo menos equivalente à heparina-cortisona, tida — então e agora — como padrão de avaliação de inibição da angiogênese pela comunidade médica tradicional.

Quando o achado do Dr. Durie, de que a cartilagem de tubarão é melhor que a cartilagem bovina, foi anexado aos resultados do estudo do MIT, mostrando que a cartilagem de tubarão inibe a angiogênese e pára o crescimento do tumor, e à teoria de Folkman, segundo a qual detendo-se a angiogênese poder-se-ia sustar o crescimento do tumor, as peças começaram a se encaixar. Eu estava com um pacote bastante convincente no momento em que fui apresentado ao falecido Dr. George Escher, do Einstein Medical College, um antigo oncologista que também ajudara órgãos de pesquisa do governo a organizar diversas operações no exterior para pesquisas sobre câncer. O Dr. Escher me escutou com muita atenção, e depois disse:

— Veja bem, você não tem muita coisa, mas tudo o que conseguiu vem de um pesquisador de primeira linha, de modo que certamente vale a pena ouvir.

Tão certo ele estava de que o trabalho tinha valor, que solicitou minha permissão para enviar para a Europa as publicações de pesquisa que eu levara comigo. Ele achou que meu melhor alvo para dar continuidade à minha pesquisa estava na Europa, um pouco mais aberta do que os Estados Unidos com relação à aceitação de um produto natural como terapia do câncer.

PARTINDO PARA A EUROPA

Depois de algumas semanas da nossa conversa, o Dr. Escher contatou pesquisadores do Instituto Jules Bordet, em Bruxelas, e marcou para mim um encontro com o diretor de pesquisa do instituto. Dias depois, eu viajava de avião para Bruxelas, para reunir-me com o Dr. Henri Tagnon.

Quando saí do hotel na manhã do encontro, eu não sabia realmente no que estava me metendo. Peguei um táxi para ir ao endereço que me fora dado. Quando chegamos lá, eu fiquei pasmo. Meu ponto de destino era um gigantesco hospital — quase do tamanho de quatro quarteirões. Quando entrei no Hospital Bordet — do qual o instituto era a parte principal —, vi uma placa informando que a instalação toda era dedicada ao homem que eu estava prestes a conhecer.

Quando conheci o Dr. Tagnon, fui apresentado também ao Dr. Ghanem Atassi, seu pesquisador-chefe; o Dr. Serge Orloff, secretário da Associação Internacional de Reumatologistas na Europa; dois ou três outros colaboradores do laboratório e um representante dos Institutos Nacionais de Saúde (NIH), que viera de Washington e estava em visita. Todos ouviram os fatos que lhes apresentei — dados do MIT, dados provando a teoria de Folkman, dados do Dr. Durie e, claro, dados de John Prudden. Lembro-me muito claramente que quando terminei minha exposição o Dr. Tagnon — abrindo um grande sorriso — disse:

— Isto é bom demais para acreditarmos. — Eu esperei que ele me apontasse a porta. — Mas — ele continuou —, é bom demais para não acreditarmos, e estamos dispostos a trabalhar com você.

Ele disse que queria iniciar a pesquisa fazendo um estudo de toxicidade. Salientei que não tinha dinheiro para financiar um trabalho como aquele, e ele respondeu:

— Não se preocupe com isso. Se é bom assim, arranjaremos o dinheiro.

E esse foi meu primeiro grande avanço.

O processo de fazer meu sonho de curar o câncer virar realidade começou alimentando ratos com o máximo de material extraído de cartilagem de tubarão que eles pudessem engolir. Uma vez que os ratos sobreviveram a essas pesadas doses diárias durante 30 dias, o material foi considerado atóxico.

Após o estudo de toxicidade, o Dr. Atassi realizou experiências nas quais células de leucemia foram injetadas na cavidade peritoneal (dentro do abdome) de animais do grupo de controle. Três grupos de animais receberam doses orais de 50 a 300 miligramas de cartilagem de tubarão. Dependendo da dosagem recebida, os animais de ensaio viveram em média 34% (18,4 a 49,4%) a mais que os animais de controle, que tinham recebido as células leucêmicas mas não a cartilagem de tubarão.

Em seguida o Dr. Atassi realizou estudos, de 1988 até 1989, que conduziram a um avanço prático no possível uso de cartilagem de tubarão como terapia e prevenção do câncer. Nesses estudos ulteriores, 40 camundongos receberam xenoenxertos de melanoma humano, criando, basicamente, uma metástase de melanoma induzida. (Xenoenxerto é um enxerto de tecido de outra espécie.) De novo, os animais de controle não receberam medicação; os animais do grupo de controle receberam doses diárias de cartilagem de tubarão integral, ministradas oralmente como suspensão aquosa na proporção de mil e duzentos miligramas por quilograma de peso corporal. O volume do tumor em ambos os grupos foi verificado periodicamente, até o vigésimo oitavo dia. Essas medições mostraram que os tumores nos animais de controle, não-tratados, dobraram de tamanho em 21 dias, enquanto os tumores dos animais que tinham recebido a cartilagem de tubarão diminuíram 17%, caindo de 36 miligramas no primeiro dia para 30 miligramas no vigésimo primeiro. Os pesquisadores do

Bordet estavam pasmos, e afirmaram que esses resultados eram ainda mais impressionantes do que os obtidos com os produtos quimioterápicos mais drásticos. E, ao contrário da quimioterapia, a cartilagem de tubarão é completamente atóxica, não tendo efeitos colaterais desfavoráveis.

Os pesquisadores também observaram com interesse que quase todo crescimento de tumor nos animais não tratados ocorreu mais de duas semanas após a implantação. O intervalo causa-efeito indicava que durante o período inicial de duas semanas a massa tumoral estava elaborando a rede sanguínea necessária ao crescimento. Isto confirmava ainda mais que a massa tumoral libera uma substância que ativa a angiogênese. Os resultados foram tão surpreendentes para os pesquisadores de Bordet que eles repetiram o teste, com ligeiras modificações. No segundo teste, eles esperaram dois dias após terem introduzido a massa tumoral, antes de administrarem a cartilagem de tubarão em suspensão aquosa. Um intervalo entre o sinal para a formação da rede sanguínea e o início do desenvolvimento da rede significaria que a demora de 48 horas na administração da cartilagem não interferiria na esperada resposta à terapia.

Como no primeiro teste, os resultados revelaram que a cartilagem de tubarão administrada oralmente impedia o crescimento dos tumores. De fato, a massa tumoral *diminuiu* 40%, caindo de 41 miligramas no primeiro dia para 27 miligramas no vigésimo primeiro. Nos animais não tratados, a massa tumoral aumentara para duas vezes e meia do tamanho original. (O volume era 1,942 nos camundongos não tratados e só 0,593 naqueles tratados com cartilagem seca de tubarão.)

Em ambos os estudos, o crescimento do tumor nos animais não tratados ficou aproximadamente estável até o décimo quarto dia (duas semanas após a implantação do tumor). Do décimo quarto até o vigésimo primeiro dia, um período de apenas uma semana, o peso do tumor aumentou bruscamente, dobrando ou triplicando em tamanho assim que a rede sanguínea esteve em seu lugar. O dramático crescimento do tumor, evidenciado durante a terceira semana após a implantação, fora demonstrado previamente pelo

Dr. Langer e pela Dra. Lee na pesquisa sobre desenvolvimento de tumores no olho do coelho (ver página 63). Estes resultados ilustravam dramaticamente como a massa tumoral crescia rápido quando sua rede sanguínea estava consolidada. Logicamente, se fosse possível evitar que a rede sanguínea se formasse, o crescimento do câncer poderia ser impedido, o que sugere que se pode usar a cartilagem de tubarão não só como terapia, mas também como medida preventiva ou profilática. Os consideráveis benefícios da cartilagem de tubarão realmente se multiplicavam, e outros estudos estavam revelando que o câncer não era o único "mistério" que a cartilagem podia "desvendar".

O AVANÇO ESTENDE-SE À ARTRITE

Assim que o estudo inicial sobre toxicidade no Instituto Jules Bordet ficou pronto, o Dr. Serge Orloff, o especialista em artrite que eu conhecera no meu primeiro encontro com o Dr. Tagnon, começou a trabalhar, efetuando estudos sobre artrite em pacientes humanos (ver página 135). Isto realmente me surpreendeu, porque nos Estados Unidos espera-se que os pesquisadores realizem no mínimo um a dois anos de estudos com animais antes de sequer se considerar uma aplicação em seres humanos. O Dr. Orloff achava, no entanto, que em se tratando de material natural e atóxico não se corre qualquer risco, tem-se uma grande oportunidade.

Enquanto o Dr. Orloff prosseguia com sua pesquisa, eu "estendia a rede", encontrando pessoas e falando com elas, e até oferecendo-lhes jantares e vinho, em um esforço para conquistar apoio e fundos. De mês em mês, mais ou menos, eu voltava a Bruxelas para ver o que estava acontecendo e debater sobre o futuro com o talentoso pessoal do instituto.

Numa daquelas viagens à Bélgica, fiquei sabendo que o trabalho do Dr. Orloff demonstrara que a cartilagem de tubarão administrada por via oral podia controlar a dor associada com a osteoartrite. Na esperança de confirmar este benefício a mais, eu acrescentei tempo de vôo e abordei o Dr. José A. Orcasita, então professor-assistente clínico de medicina interna na Escola de Medicina da Universidade de Miami, com uma proposta de estudos que tinha por objetivo confirmar os resultados de Orloff. O Dr. Orcasita concordou em testar a cartilagem de tubarão, e os três pacientes com artrite avançada que completaram o tratamento reagiram muito favoravelmente (ver página 131). Um quarto paciente completou apenas sete oitavos do tratamento, mas também reagiu bem. Quando relatei esses resultados nas minhas rodadas de contatos, incrédulos "Tomases" afirmaram que aquilo tudo era efeito placebo. Para refutar a possibilidade de que o alívio da dor estivesse só na mente dos pacientes, empreendemos estudos com cães na Bélgica, com Jacques Rauis, doutor em veterinária, nos quais também conseguimos resultados bastante impressionantes (ver página 137). De qualquer modo, apesar de todos esses resultados incríveis, muitas vezes senti apenas frustração.

ENFRENTANDO O SISTEMA ESTABELECIDO

Dia após dia eu ia desvendando um pedaço cada vez maior da pista que fora percorrida antes de mim. Cada vez mais pesquisas já realizadas sobre angiogênese e efeito da cartilagem sobre o crescimento de tumores — pesquisas que começaram no início dos anos 70 — me eram reveladas. No entanto, ao ler este livro, provavelmente você estará dizendo: "Por que não ouvi falar nisso antes?"

A cartilagem de tubarão não é sintetizada por químicos ou prescrita por médicos, logo, quem é que ia lhe falar sobre ela? Certamente, não os laboratórios farmacêuticos ou os fabricantes de compostos químicos, que não poderiam patenteá-la como medicamento; nem os médicos ou hospitais, com seus interesses assumidos no aspecto econômico da medicina corrente. Entretanto, pode-se achar a informação facilmente em algumas das principais publicações *científicas*. Por que os cientistas a estão guardando só para eles?

O que a FDA faz

Alguns norte-americanos pensam que os órgãos públicos de hoje assemelham-se ao Big Brother de George Orwell, vigiando todos os nossos movimentos e controlando nossas ações. Mas pelo menos um órgão público se parece mais com um cão de guarda que late forte para avisar do perigo à populacão.

A Food and Drug Administration (Administração de Alimentos e Medicamentos) promulga normas mas não pode proibir ou recolher produtos. O que às vezes é chamado de proibição da FDA é, na verdade, uma proibição ordenada pela Justiça, por solicitação da FDA. Só os tribunais podem proibir ou recolher produtos. O que a FDA pode fazer é dar publicidade a um recolhimento, latindo em alto e bom som quando acha que o público precisa ser advertido quanto a um grave risco. Quando o recolhimento se concretiza, a FDA pode assegurar-se de que o produto seja destruído ou recondicionado apropriadamente, e pode investigar as causas devido as quais o produto era considerado defeituoso.

As normas da FDA podem resumir-se melhor como segue:

- Alimentos devem ser puros e salutares, sua ingestão não deve representar risco, e devem ser produzidos sob condições sanitárias.

- Medicamentos e dispositivos terapêuticos devem ser seguros e efetivos quando usados de acordo com as instruções.

- Cosméticos devem ser seguros e feitos com ingredientes adequados.

- Os rótulos devem ser fidedignos e informativos.

- Rótulos de medicamentos devem incluir advertências necessárias ao uso seguro.

- Medicamentos que apresentem risco, quando usados sem conselho médico, devem ser vendidos sob prescrição.

- As indústrias de medicamentos devem ser vistoriadas pela FDA pelo menos de dois em dois anos.

- Antibióticos, insulinas e agentes corantes usados em alimentos, medicamentos e cosméticos devem ser testados nos laboratórios da FDA antes que possam ser vendidos.

- No caso dos produtos químicos adicionados a alimentos, é preciso comprovar que não apresentam risco antes que possam ser usados.

- Resíduos de agrotóxicos que por acaso restarem na colheita de produtos in natura não devem ultrapassar os limites estabelecidos pela FDA.

Todas as normas da FDA referem-se a alimentos ou medicamentos. A FDA define medicamentos como artigos "destinados a serem usados para diagnóstico, cura, mitigação, tratamento ou prevenção de doença no homem ou em outros animais, e artigos (que não sejam alimentos) destinados a afetar a estrutura ou qualquer função do corpo do homem ou de outros animais".

No que diz respeito aos alimentos, a FDA preocupa-se também com a sinceridade. Um alimento é considerado erroneamente rotulado se fica subentendido que ele é para uso dietético especial (se supostamente preenche uma necessidade dietética que existe em decorrência de situação tal como uma doença) mas o rótulo não sustenta tal afirmativa. O rótulo deve conter informação específica concernente a propriedades vitamínicas, minerais e outras de tipo dietético, segundo o secretário da FDA "determina e prescreve como necessária para informar de maneira completa os consumidores quanto ao valor do alimento para tais usos".

A FDA é realmente um cão de guarda, empenha-se em proteger consumidores contra produtos enganosos e inseguros. A eficácia da FDA, como a de qualquer cão de guarda, depende das pessoas se manterem alertas.

Você não tem ouvido falar no efeito da cartilagem de tubarão sobre o crescimento de tumores porque a cartilagem é uma substância simples, de origem natural, classificada como suplemento alimentar, não como medicamento. De acordo com a FDA, um suplemento alimentar é algo a ser acrescentado a um alimento ou dieta. Os suplementos mais conhecidos são vitaminas, minerais, fibras, alho e óleos de peixe insaturados. Estes e todos os outros suplementos alimentares não são considerados medicinais, não é permitido atribuir-lhes efeito terapêutico, e são controlados pelas regulamentações alimentares da FDA, não pelas regulamentações relativas a medicamentos.

Como qualquer alimento, um suplemento alimentar precisa preencher os padrões de pureza, segurança e rotulação da FDA. Muitos dos suplementos alimentares encontrados nas lojas têm valor por que mantêm a saúde e criaram resistências à doença. Assim, eles são, de alguma maneira, medicinais. No entanto, rótulos, publicidade e materiais promocionais não podem fazer qualquer alusão direta ou implícita referente à atividade medicinal; só a substâncias classificadas pela FDA como "medicamentos" pode-se atribuir-se tais efeitos. (Ver "O que a FDA faz", na página 90.)

O fato de a FDA proibir que se atribua efeitos terapêuticos ou profiláticos a suplementos alimentares não significa que eles sejam ineficazes ou inseguros. Pode significar apenas que uma empresa não tem condições de custear os 231 milhões de dólares ou os quase 20 anos de esforço requeridos para obter aprovação da FDA. Isto significa certamente que os complementos de origem natural não são padronizados; tem-se pequenas variações entre lotes, o mesmo tipo de variações encontradas em qualquer produto orgânico natural, como maçãs ou bananas. Talvez a FDA ponha excessiva ênfase na padronização, à custa daqueles que poderiam se beneficiar de um produto natural verdadeiramente efetivo. A falta do rótulo da FDA algumas vezes leva as pessoas a acharem que suplementos alimentares são simples charlatanice ou tratamentos para enganar incautos, o que está longe de ser verdade.

Em razão de ser aparentemente impossível obter aprovação da FDA para um produto de cartilagem de tubarão pura, os pesquisadores têm passado os últimos 20 anos tentando isolar, purificar e depois sintetizar a proteína (ou as proteínas) contida(as) na cartilagem de tubarão que é responsável pela atividade antiangiogênica — e o fizeram com limitado sucesso. Isto significa também que eu tenho visto serem constantemente frustrados os meus esforços para envolver os principais órgãos de pesquisa do governo — os Institutos Nacionais de Saúde e o Instituto Nacional de Câncer — em pesquisas sobre cartilagem de tubarão. As pessoas que contatei nessas instituições disseram que se aquilo não podia ser elaborado como medicamento, não lhes interessava; elas não trabalham com produtos naturais. Os cientistas que contatei geralmente não se dispunham a falar em meu nome. Com o sistema de rivalidade que existe na ciência, os cientistas têm medo de dar sequer um passo em falso, porque seus pares poderiam criticá-los. Eu, por outro lado, fui educado na crença de que se a gente não se expõe, não vai para a frente. Eu creio que Langer e Folkman tinham se convencido de que a cartilagem dada em forma oral não funcionaria, porque a acidez estomacal desnaturaria a proteína inibidora da angiogênese, a qual, por isso, não faria efeito algum. É provável que eles nem tenham experimentado. Eu fui em frente. Meus pesquisadores administraram cartilagem de tubarão oralmente e — vejam só! — houve efeito positivo. Ela funcionou mesmo: primeiro, em camundongos; por fim, em pessoas.

PREPARANDO A CARTILAGEM DE TUBARÃO PARA SEU NOVO PAPEL

A administração oral (e posteriormente retal) da cartilagem de tubarão dependia da criação de um produto tão puro quanto fosse possível. (Ver "Componentes da cartilagem de tubarão seca", na página 95.) Por isso, me incumbi de boa parte do planejamento, pesquisa, experimentação e administração envolvidos no desenvolvimento de um produto de cartilagem de tubarão viável para uso humano. Encontrar uma forma de secar e depois pulverizar a cartilagem, sem inutilizar as fibras de proteína, foi um dos principais problemas. Os processos normais de secagem, pulverização e esterilização, com seu calor excessivo, assim como os tratamentos que empregam solventes ou substâncias químicas, com freqüência desnaturam a proteína ativa da cartilagem, tornando-a terapeuticamente inútil. As proteínas são facilmente desnaturadas pelo calor e por outros processos de fabricação e por diversos produtos químicos, como solventes e ácidos destinados a remover gorduras e outros componentes desnecessários.

Os filamentos básicos de proteína que constituem a parte essencial da cartilagem de tubarão estão entre as maiores proteínas produzidas pelas células. Esses filamentos, chamados de macroproteínas, ao que parece, carregam o inibidor da angiogênese; e são esses filamentos, tão predominantes na cartilagem de tubarão, que lhe conferem o efeito de antiangiogênese mil vezes maior que o da cartilagem de mamífero. Quando se observa um pedaço de cartilagem de tubarão, pode-se ver os filamentos contendo o inibidor da angiogênese nas matrizes de todos os componentes. (Ver Figura 1.3, na página 52.) Esses filamentos são muito duros e é quase impossível pulverizá-los, porém eles são o material essencial à antiangiogênese. Foi preciso um amplo trabalho de pesquisa e desenvolvimento para aprender como pulverizar esses filamentos sem desnaturar a proteína da qual eles se constituem. Além disso, a abundante existência d'água na cartilagem (mais de 85%), e como a água está ligada dentro dela, também tornam a secagem difícil e onerosa. O calor deve ser usado com moderação, pois o excesso é prejudicial.

Na cartilagem de tubarão, pelo menos uma das proteínas ativas como inibidores da angiogênese acaba desnaturada se as temperaturas de processamento são elevadas. Além disso, tanto a cartilagem como a proteína contida são inativadas se tratadas com solventes como acetona ou submetidas a ácidos fortes por longos períodos. Felizmente, a cartilagem de tubarão praticamente não tem gordura agregada, sendo desnecessária a extração solvente como etapa do processo. No processamento da cartilagem bovina, que normalmente tem quantidade bastante alta de gordura apensa, a extração por solvente é necessária para evitar que o produto fique rançoso. A acetona usada para remover a gordura ligada à cartilagem bovina desnatura a já modesta quantidade de proteína inibidora da angiogênese.

Componentes da cartilagem de tubarão seca

A simples análise química mostra que a cartilagem de tubarão seca e inalterada consiste aproximadamente em 41% de cinza, 39% de proteína, 12% de carboidratos, 7% de água, menos de 1% de fibra e menos de 0,3% de gordura. A cinza é 60% cálcio e fósforo, na proporção de duas partes de cálcio por uma de fósforo. Quase não há metais pesados na cinza, porque, sem vasos sanguíneos na cartilagem, esses metais, encontrados muitas vezes em quantidades mínimas na carne de tubarão, não têm como depositar-se na cartilagem. Os altos níveis de cálcio e fósforo resultam da calcificação da cartilagem, especialmente a da coluna vertebral.

Embora a proteína que funciona como inibidor da angiogênese esteja diluída até certo ponto pelo cálcio, fósforo, carboidratos e outros componentes naturais, os diluentes desempenham um papel ativo no controle da doença. Os mucopolissacarídeos nos carboidratos estimulam o sistema de imunidade, que trabalha em sinergia com a proteína no combate à doença, e cálcio e fósforo orgânicos são usados metabolicamente como nutrientes.

O tamanho da partícula, que depende do grau de pulverização do material, é outra consideração. A cartilagem de tubarão deve ser absorvida pelo sistema o mais depressa possível, para evitar que a proteína seja digerida por enzimas proteolíticas. Se é digerida por essas enzimas, a proteína dissocia-se nos seus aminoácidos constitutivos, que não são eficazes como antiangiogênicos. A proteína preexistente é que tem efeito como inibidor da angiogênese. O pó de cartilagem de tubarão deve ser, portanto, bastante pulverizado para ser absorvido depressa pelo organismo como suspensão de proteína pré-formada. A experiência comprova que pelo menos 90%

devem passar através do crivo 200 para se ter a máxima efetividade. Isto é, mais fino que a maioria dos talcos.

Eu gastei muitos anos, muito esforço e um bocado de dinheiro para deixar a cartilagem pronta para uso. A cartilagem pulverizada que finalmente entreguei aos pesquisadores era o melhor material possível para eles realizarem seus estudos. Muitos outros importantes avanços médicos têm resultado do mesmo processo — um pesquisador independente que trabalha sem verbas públicas para pesquisa, motivado pela dedicação para concretizar algo em que verdadeiramente acredita.

Minha dedicação para concretizar aquilo em que acredito é que me fez continuar.

Após anos batendo em portas, ampliando contatos e aborrecendo-se, os proponentes da cartilagem de tubarão finalmente atraíram o interesse de vários pesquisadores e médicos tradicionais. O trabalho dessas pessoas é que fez as coisas combinarem bem no início de 1992.

Primeiro, na véspera do Natal de 1991, eu recebi uma "patente de uso", que indica não só que nós fizemos primeiro, mas que o processo realmente funciona. (Ver "O melhor presente de Natal", na página 97.) Você só pode conseguir uma patente se puder mostrar resultados concretos. Não pode ser conversa fiada; tem que ser baseado em sólida evidência, em fatos.

Em seguida, pouco depois de receber a patente, eu consegui interessar o Dr. Roger Jacobs, diretor do Laboratório de Pesquisa Cirúrgica do Hospital Metropolitano de Nova York, em avaliar experimentalmente as características antitumor da cartilagem de tubarão. Dr. Jacobs realizou uma experiência-piloto na qual ratos com implantes de tumor de fígado em desenvolvimento receberam suspensões de cartilagem de tubarão moída, por injeção intraperitoneal. Tanto no exame geral como no histológico, o crescimento do tumor parecia não ter sido afetado pela presença da cartilagem. Por outro lado, acumulara-se fluido na cavidade peritoneal e parecia ter havido perda de gordura corporal, efeitos não observados nos animais de controle, portadores de tumor e não sujeitos a tratamento.

O melhor presente de Natal

Estima-se que só três patentes tenham sido expedidas para a indústria de alimentos. É difícil obter patentes para esses alimentos porque muitas vezes não há evidência concreta disponível sobre a efetividade de tais produtos. Geralmente, também, representantes desta indústria não procuram obter patentes, como o fazem os representantes da indústria farmacêutica. Muitos complementos alimentares são produtos efetivos, mas é difícil provar essa eficiência, e algumas vezes não existem procedimentos de teste.

Uma vez que a evidência da capacidade da cartilagem de tubarão de inibir a angiogênese pode ser provada pelo ensaio CAM e pelos resultados dos estudos com xenoenxertos realizados no Instituto Jules Bordet, eu requeri uma patente. A patente me foi concedida na véspera do Natal de 1991. Nela se lê, entre outras coisas: "Esta invenção refere-se de modo geral a um método e uma unidade de dosagem para inibir a angiogênese ou vascularização num animal que possua parede intestinal utilizando uma quantidade efetiva de cartilagem de tubarão, cartilagem de tubarão finamente dividida, a fim de atravessar a parede intestinal como suspensão para inibir, entre outras doenças: crescimento de tumores e metástase, em particular sarcoma de Kaposi; artrite, em particular artrite reumatóide; retinopatia diabética e glaucoma neovascular; psoríase e doenças inflamatórias com componente vascular."

Esta patente dará ao consumidor proteção contra produtos de "imitação" que freqüentemente assediam produtos alimentícios bem-sucedidos, não protegidos por patente. Os produtos de imitação — cujos fabricantes agem estimulados pelo desejo de lucrar — podem não

> *ser produzidos com o cuidado necessário para garantir qualidade. Talvez esses produtos nem passem pelo teste necessário para garantir sua eficácia. Este problema é particularmente grave no caso de produto de cartilagem de tubarão, pois esta requer processamento apropriado para garantir qualidade e confiabilidade. O método adequado de processar cartilagem de tubarão levou meses — se não anos — de aperfeiçoamento. Como se lê na patente, "Há de se entender que a cartilagem de tubarão útil no método da presente invenção pode ser preparada por qualquer meio ou processo adequado que resulte em cartilagem de tubarão que seja, substancialmente, cartilagem de tubarão pura, substancialmente isenta de tecido aderido".*
>
> *Com a patente outorgada na véspera do Natal, eu recebi o melhor presente de Natal que poderia ter, mas o Departamento de Patentes dos Estados Unidos deu também um presente a todos os potenciais e esperançosos usuários da cartilagem de tubarão. A patente colocará legalmente freio a fabricantes e distribuidores de imitações, de modo a que o máximo esforço possa ser concentrado na melhoria da qualidade da cartilagem de tubarão, a fim de proporcionar a seus usuários o máximo benefício.*

Nessa experiência com pequenos animais, foram usados tumores de rápido crescimento. No entanto, quando o tumor está bem instalado, com um fornecimento capilar de sangue já desenvolvido, as propriedades antiangiogênicas da cartilagem de tubarão poderiam não ser adequadas para reduzir significativamente o crescimento do tumor em curto período de tempo. A presença da cartilagem de tubarão antes e durante o desenvolvimento de um tumor poderia inibir a angiogênese antes que ela pudesse começar, e talvez assim impedisse tal desenvolvimento. Por isso, o Dr. Jacobs está realizando agora testes preliminares de "pré-carga", nos quais a cartilagem de tubarão está sendo ministrada intraperitonealmente a ratos dois dias antes de implantação dos tumores. Um teste de pré-carga tem a vantagem adicional de dar à cartilagem mais tempo para agir. Eu creio que isto é importante, porque um produto biológico como a cartilagem de tubarão não funciona rápido como uma substância química concentrada. Além dos diferentes procedimentos experimentais, a cartilagem usada agora pelo Dr. Jacobs tem sido processada de modo diferente.

O Dr. Jacobs me disse que em um dos cinco animais portadores de tumores, e que também receberam cartilagem, o tumor era certamente menor do que nos ratos de controle, não tratados. Em três, os tumores talvez fossem menores, mas a interpretação era difícil. Em todos os animais que receberam cartilagem de tubarão, houve uma resposta inflamatória similar à do primeiro experimento.

Diz o Dr. Jacobs: "Estes experimentos são muito preliminares, e sem testes complementares, inclusive repetições dos estudos prévios, não é possível chegar a conclusão alguma. É preciso experiências adicionais para esclarecer estes resultados e determinar se de fato a cartilagem de tubarão tem propriedades antitumor. Só através de mais experimentações poderemos determinar se a cartilagem de tubarão pode ser usada no tratamento de cânceres humanos."

O ano de 1991 foi também o ano em que o pessoal do Instituto Nacional do Câncer finalmente concordou em reunir-se comigo. O Instituto Nacional do Câncer (NCI) é um dos Institutos Nacionais de Saúde (NIH), uma repartição federal que realiza e sustenta pesquisa biomédica nas áreas de causas, cura e prevenção de doenças. Os NIH realizam pesquisas em seus próprios laboratórios e concedem subsídios e contratos a universidades e outros centros de pesquisa privados. De fato, muitos assim chamados pesquisadores independentes são financiados por subvenções dos NIH. Institutos separados se dedicam a diversas condições de saúde, tais como câncer, doenças do coração, pulmão e sangue; envelhecimento e saúde mental. O NCI, o maior dos institutos, foi fundado por ato do Congresso em 1937 e é o órgão oficial do governo para pesquisa sobre o câncer e seu tratamento. Boa parte dessa pesquisa é realizada no Laboratório de Biologia da Célula Tumoral, do qual o Dr. Robert Gallo é o chefe.

Eu me encontrei com o Dr. Gallo e cerca de 30 colaboradores no que prometia ser um passo à frente verdadeiramente importante. Esses profissionais — a nata da classe — me escutaram. É claro que havia alguns críticos entre eles, mas Gallo os colocou nos seus lugares, e quando terminei minha exposição, recebi uma ovação de pé desse ortodoxo grupo médico.

Embora os representantes do NCI tivessem prometido iniciar estudos utilizando cartilagem de tubarão no tratamento do sarcoma de Kaposi (ver "Sarcoma de Kaposi" na página 101) e tivessem concordado em trabalhar em coordenação comigo, partilhando quaisquer resultados, eles romperam a promessa menos de três meses depois. E eu só fiquei sabendo que a decisão fora revista graças a uma conversa telefônica com um funcionário do NCI.

Um repórter do *New York Times* ligara para falar comigo sobre minha patente e pareceu interessado quando mencionei que o NCI estava prestes a se envolver nos estudos sobre cartilagem de tubarão. Quando desliguei o telefone, resolvi avisar o Dr. Gallo e seus colaboradores que o repórter do *Times* talvez quisesse fazer-lhes algumas perguntas. Não cheguei a fazer tal coisa.

Minha ligação foi atendida por um representante do NCI, que me disse que a pesquisa sobre cartilagem de tubarão não seria continuada. Foi-me dito que, embora o NIH procure em geral curas para as doenças que pesquisa, o NCI não lida com "curas" para o câncer, e sim apenas com os "mecanismos" do câncer. Além do mais, o pessoal do NCI achou que a organização "serviria" aos meus "interesses pessoais" se parecesse interessada em cartilagem de tubarão.

— E se ela der certo? — retruquei. — E se a cartilagem de tubarão puder realmente parar o crescimento do câncer? Será que isso não merece maior consideração?

A resposta foi que a decisão de não ir adiante com os testes no NCI tinha sido tomada e era definitiva. Fim de papo.

Sarcoma de Kaposi

Na década de 80, quando a epidemia de AIDS (síndrome de imunodeficiência adquirida) começava a ser divulgada, o nome "sarcoma de Kaposi" irrompeu nas consciências de muitos americanos, muitos dos quais pensaram que fosse uma doença recentemente descoberta, ou pelo menos recentemente caracterizada. Nada podia estar mais distante da verdade.

O sarcoma de Kaposi (SK) é realmente uma forma de câncer identificada pela primeira vez em 1872 por Moritz Kaposi. No SK, células tumorosas de conformação irregular aderem ao revestimento de pequenos vasos sanguíneos. Se não forem controlados, os crescimentos acabam entupindo os vasos. Membros afetados podem ficar inchados, e os órgãos atingidos podem sofrer congestão e aumento de volume.

O SK é relativamente comum na África, onde, ao que parece, a AIDS teria se originado. Um pesquisador levantou a hipótese de que certas práticas higiênicas explicam a elevada incidência da doença nessa região. Em algumas zonas da África equatorial, cerca de 10% de todos os cânceres são SK. Nessa região do mundo, a doença com freqüência ataca crianças, para quem ela é particularmente mortal, pelo fato de vir acompanhada muitas vezes de nódulos linfáticos enormes no pescoço.

Nos Estados Unidos, antes de 1980, a doença era tão rara que apenas uma pessoa em um milhão era atingida. Os afetados eram homens idosos de ascendência judia asquenazi (do Leste europeu) ou italiana mediterrânea. Raramente atingia mulheres ou homens jovens. O Registro de Câncer da Universidade de Nova York não registrou nenhum caso de SK em pacientes com menos de 50 anos no Hospital Bellevue entre 1970 e 1979. Nos homens afetados, o curso da *doença era habitualmente lento, sendo que as manchas marrons ou roxas características limitavam-se às pernas. O tratamento de SK era normalmente bem-sucedido, e havia poucos casos fatais.*

O sarcoma de Kaposi tornou-se ligeiramente mais comum após o primeiro transplante de rim bem-sucedido, em 1950. Os receptores de órgãos recebiam medicamentos imunodepressores para evitar que o corpo rejeitasse o transplante, e com isso ficavam expostos ao SK. Portanto, parecia evidente que o sarcoma de Kaposi é uma doença decorrente da imunossupressão, ou "câncer oportunista", um câncer que se desenvolve por causa da falta de defesas normais no paciente. Quando o tratamento com imunossupressores era descontínuo, o SK desaparecia. Entretanto, logo se manifestaria uma incidência constantemente crescente da doença.

Em 1981, o Centro de Doenças Contagiosas de Atlanta (Geórgia) começou a receber registros de SK em homens jovens com atividade homossexual. Foi o prenúncio do que viria a ser a epidemia de AIDS. Aproximadamente 25% dos pacientes de AIDS apresentavam diagnóstico de SK. No entanto as autópsias revelam lesões de SK em 90% daqueles que morrem de AIDS. O quadro é mais comum entre aidéticos homossexuais masculinos do que entre outras pessoas com AIDS.

Nem a AIDS nem o sarcoma de Kaposi respondem ao tratamento convencional. O Kaposi responde temporariamente a diversas medicações quimioterápicas e ao interferon, substância anticancerosa e antiviral. Em março de 1992, a revista Science *informou que duas novas drogas pareciam promissoras; ambas impedem a angiogênese, que é necessária ao desenvolvimento do SK.*

As lesões do sarcoma de Kaposi são formadas por células endoteliais, células que revestem os vasos sanguíneos, justamente aquelas cujo desenvolvimento é impedido pela cartilagem de tubarão e por outros inibidores da angiogênese. Desde que as lesões do SK se compõem de células endoteliais, e a cartilagem de tubarão aparentemente inibe o desenvolvimento de tais células, o uso da cartilagem de tubarão deveria apresentar resultados positivos nos pacientes com SK. A cartilagem de tubarão também seria eficaz porque as lesões do SK são altamente vascularizadas e, como já vimos, ela é um efetivo inibidor da vascularização.

De fato, eu soube recentemente do caso de um homem que seria o primeiro a ter remissão de SK. Michael Callanan, autor de Surviving AIDS, *teve diagnosticada AIDS no início da década de 80. Posteriormente, os pulmões de Michael ficaram cobertos em mais de dois terços por lesões de SK. A quimioterapia receitada para combater o SK teve efeitos colaterais tão "horríveis" que Michael fez interromper o tratamento. Dois meses depois, ele soube que havia uma vaga em uma experiência clínica praticada por Eric Fleishman, médico de Los Angeles. Michael entrou para o programa e começou a tomar cartilagem de tubarão. Ele também optou por submeter-se à terapia por radiação apesar de advertências de que "não era muito boa idéia" (a radiação poderia comprometer futuramente seu sistema de imunidade) e que ele "não devia esperar nada". Nem o radiologista nem o técnico sabiam que ele estava tomando cartilagem de tubarão.*

O pulmão direito de Michael foi tratado em sessões usando mil rads, uma dose relativamente baixa. Quando o curso do tratamento foi completado, esse pulmão estava completamente limpo, mas o pulmão esquerdo de Michael piorara. Aí, o pulmão esquerdo também foi tratado com radiação, durante 10 dias, após o que ambos os pulmões ficaram completamente limpos de lesões de Kaposi.

Profissionais envolvidos no tratamento de Michael acreditam que a cartilagem de tubarão agiu como potenciadora da radiação. Houve evidência adicional de que a capacidade da cartilagem de tubarão aumentava o efeito da radiação, quando Michael teve tratamento aplicado em suas pernas. A intenção fora ele receber uma dose normal de dois mil rads. Aos mil e duzentos rads, dose normalmente isenta de efeitos colaterais, ele começou a exibir queimaduras por radiação. Logo, Michael aconselha àqueles que tomam cartilagem de tubarão que informem a seus radiologistas. Ele também recomenda aos usuários de cartilagem de tubarão que comecem com doses reduzidas de radiação.

MEDOS DE CEGUEIRA E IGNORÂNCIA

Se observarmos a história da pesquisa de terapias contra o câncer, veremos que quando pessoas de fora do sistema estabelecido da medicina tentam apresentar um tratamento mais efetivo, são qualificadas como "charlatões", "curandeiros" e coisa pior. Isto ocorre especialmente quando os pesquisadores trabalham direto com seres humanos. Basta pensar no Dr. Max Gerson, no Dr. Stanislaw Burzynski e em Harry Hoxsey. Esses cavalheiros forneceram, literalmente, centenas de estudos de casos de pacientes com câncer, demonstrando a eficácia de seus tratamentos. Em vez de se examinar a exatidão de suas afirmações, o que se fez foi atacar a reputação deles e ignorar seu trabalho.

Gerson, Burzynski e Hoxsey — todos os três "leigos" em medicina — tentaram convencer membros da comunidade científica a avaliarem seus resultados; em vez disso, seus estudos foram simplesmente qualificados de "anedóticos". Seus dados não provinham de experimentos controlados; simplesmente uma pessoa informava ter visto alguma coisa surtir efeitos positivos. Pode até ser "anedótico" ler a respeito de um homem ou de uma mulher de 40 anos cujo câncer regredira, mas não é tão anedótico se essa pessoa de 40 anos de idade é alguém que você conhece e a quem ama.

Desconfio que o sistema que sufocou Gerson, Burzynski e Hoxsey ainda esteja em funcionamento. Embora alguém possa achar que esta suspeita é paranóia, a realidade histórica é que os pioneiros na ciência defrontam-se com uma árdua batalha. Creio que vale a pena essa batalha para levar ao público a informação contida neste livro. Tudo o que peço é que a atenção recaia sobre os fatos aqui apresentados, e que eu seja julgado com base em sua validade.

4.

Experiências clínicas

> *Estima-se que apenas 10 a 20% dos procedimentos habitualmente usados na prática médica tenham tido sua eficácia comprovada mediante experiências controladas.*
>
> Departamento de Avaliação de Tecnologia
> *Avaliação da Eficácia e Segurança*
> *de Tecnologias na Medicina*

Eu tenho me dirigido — e me dirijo agora — ao máximo de pessoas possível, e consegui conectar-me com médicos que, depois de lerem a evidência que lhes ofereci, puderam ver o potencial da terapia com cartilagem de tubarão em uma arena na qual outros meios defensivos estão perdendo a batalha. Desde 1989 esses médicos têm estado trabalhando comigo para levar aos seus pacientes uma nova abordagem da terapia do câncer.

TRABALHO COM SERES HUMANOS

Na Costa Rica, onde além de grande população de tubarões existe uma fábrica para processamento de cartilagens, o Dr. Carlos Luís Alpizar está à frente do programa geriátrico no hospital da seguridade social. Ele estava familiarizado com a teoria da angiogênese por trás do uso da cartilagem de tubarão e com parte da pesquisa que está a ela relacionada. Quando o consultaram, no final dos anos 80, quanto ao tratamento de um paciente com um tumor abdominal inoperável do tamanho de uma toronja grande, o Dr. Alpizar foi bastante pessimista a respeito das chances de sobrevivência do paciente. Ele achou que o paciente estava obviamente na fase terminal da doença. Sem outras alternativas, o Dr. Alpizar pediu e recebeu quantidades experimentais de cartilagem seca de tubarão.

Esta cartilagem seca foi tomada pelo paciente por via oral na base de 12 gramas por dia em três doses iguais antes das refeições. Não foi usado nenhum outro tratamento, visto que o Dr. Alpizar não via esperanças de recuperação para o paciente. O tumor, medido por método ultra-sonográfico, parou de crescer no prazo de um mês. Após seis meses de tratamento constante com cartilagem de tubarão, o tumor do tamanho de uma toronja fora reduzido ao tamanho de uma noz. O paciente recuperou o apetite, conseguiu trabalhar de novo e, depois desses seis meses, pôde voltar a levar uma vida normal. Meu entusiasmo só era superado pelo do paciente.

De posse da minha empolgação e desses resultados impressionantes, procurei outros médicos que ampliassem o importante trabalho do Dr. Alpizar. Ao realizar pesquisas — especialmente em pacientes com câncer avançado — é difícil achar pacientes a quem administrar somente um produto em teste. Tanto médicos como pacientes ficam obviamente relutantes, desejando apenas o melhor tratamento disponível, visando a melhor chance de sobrevivência. Usar só materiais que têm um mínimo histórico de antecedentes é realmente experimentar com os pacientes. Mas, como costumam dizer pacientes de AIDS: "Façam-nos de cobaias. Dêem-nos os medicamentos. Deixem-nos decidir." Eu fui afortunado o bastante para achar um médico que partilhava da opinião sustentada pelos pacientes com AIDS.

VISÃO NO MÉXICO

Em 1991, consegui obter a cooperação dos diretores do Hospital Ernesto Contreras, em Tijuana, México. Algumas pessoas têm comentado comigo que o Hospital Contreras é considerado o "centro de tratamento de vanguarda". Sei que ele é alvo de controvérsias, mas o fato concreto é que os médicos de lá estão dispostos a trabalhar com técnicas inovadoras que se mostram mais promissoras do que as estratégias convencionais. É assunto polêmico, sim, porém muitos cientistas pioneiros na história têm sido qualificados de polêmicos — homens como Galileu, Louis Pasteur, Joseph Lister e até Jonas Salk. (Ver "Jonas Salk não luta só contra a pólio", na página 109.)

No México, o Dr. Ernesto Contreras tem fama de ser meio "santo", devido a suas aptidões clínicas e por se dispor a tratar pacientes indígenas de graça. Médico praticante há mais de 50 anos, ele tem se devotado nos últimos 30 anos a encontrar alternativas menos agressivas, embora mais eficazes, do que o tratamento convencional contra o câncer. Ele e seus filhos — o Dr. Ernesto Contreras Jr. e o Dr. Francisco Contreras, ambos especializados em tratamento do câncer — dirigem o Hospital Contreras, com 50 leitos, que conta com departamento de radiologia, laboratório clínico e um quadro com vasta experiência no tratamento de pacientes com câncer.

Os médicos do Hospital Contreras usavam cartilagem de tubarão, mas em quantidades muito reduzidas, e na verdade não estavam obtendo nenhum resultado positivo. Os três Contreras, porém, estavam abertos à idéia do uso de cartilagem, por isso quando comentamos as possibilidades de usarem níveis de dosagem mais elevados e um produto mais ativo, eles se mostraram dispostos a tentar. Os pacientes seriam escolhidos entre aqueles que, com base na previsão dos médicos, tivessem poucas chances de sobreviver por seis meses, por estarem nos estágios finais (Estágio III ou IV) da doença. Ernesto Jr., diretor médico do hospital, forneceria atendimento hospitalar, médico e enfermagem gratuitamente, e eu forneceria de graça uma forma avançada de material à base de cartilagem de tubarão. Esperávamos obter resposta de 5, 10, 15 e 20%

O plano inicial requeria quatro meses de tratamento com cartilagem a ser administrado a 10 pacientes. O Dr. Ernesto Contreras Jr. resolveu tratar os pacientes escolhidos com 30 gramas por dia de material à base de cartilagem em suspensão aquosa. Nos pacientes de sexo feminino, metade da dose diária seria dada, via enema de retenção, e metade seria introduzida na cavidade vaginal. Os pacientes de sexo masculino receberiam dois enemas de retenção. Estes métodos de tratamento permitiriam a rápida absorção da cartilagem de tubarão pelo sistema.

É essencial que o conteúdo de proteína da cartilagem seja absorvido antes de ser digerido pelas enzimas. Uma vez digerida, a proteína se divide em seus aminoácidos constitutivos, que não são efetivos como inibidores da angiogênese. A absorção pode efetuar-se através do intestino, por via oral, ou por meio de qualquer outra parte ou cavidade do corpo.

Agentes terapêuticos são administrados por qualquer das diversas vias, a fim de conseguir rápida absorção. Esses agentes são comumente administrados por via oral, como as pílulas, ou por via retal, como ocorre com os supositórios antienjôo. Eles também podem ser administrados via emplastros sobre a pele, que permitem que esta absorva diretamente o agente. Todos esses métodos exigem que o tamanho da partícula seja suficientemente pequeno para atravessar uma membrana. A proteína ativa na cartilagem de tubarão é bastante pequena para ser ministrada por qualquer dessas vias.

O Dr. Ernesto Contreras Jr. observara que, no tratamento de pacientes de câncer avançado, enzimas e outros nutrientes eram mais eficazes quando dados via enemas de retenção do que quando administrados oralmente. Portanto, ele resolveu tratar os 10 pacientes introduzindo a cartilagem de tubarão nas cavidades corporais, das quais ela seria absorvida pelo sistema circulatório o mais diretamente e depressa possível. De acordo com cientistas do Instituto Nacional do Câncer, pacientes com câncer avançado podem experimentar mudanças na capacidade funcional do trato digestivo. Nesses casos, o estômago, normalmente ácido, muitas vezes fica anormalmente alcalino, com a decorrente redução da capacidade de absorção.

Jonas Salk não luta só contra a pólio

Peça a um americano que mencione o nome de um cientista vivo famoso e o mais provável é que a resposta seja "Jonas Salk". Salk, que desenvolveu a vacina contra a pólio, pode ser muito conhecido hoje, mas em 1952 era um desconhecido pesquisador de laboratório. Um ano depois, ele estava no centro de uma controvérsia nacional. Boa parte da controvérsia era em torno do uso de vírus mortos na composição da vacina. Isto não só era considerado muito perigoso, como muitos cientistas — tendo à frente Albert B. Sabin, que desenvolveu a vacina Sabin oral contra a pólio — não acreditavam que o uso de vírus mortos proporcionasse imunidade permanente à doença.

O Dr. W. Lloyd Aycock, da Universidade de Harvard, foi um dos muitos a advertirem contra a vacina antipólio. Ele achava ser necessário identificar e vacinar somente aquelas crianças suscetíveis à doença. "A natureza faz melhor trabalho de imunização do que nós poderíamos sonhar em fazer artificialmente", dizia ele.

O Dr. Thomas Francis Jr., que foi escolhido pela Fundação Nacional para a Paralisia Infantil para comandar as experiências de campo e pronunciar-se sobre a vacina antipólio Salk, tinha aguda percepção da controvérsia. Ele dizia: "Temo o momento em que o cientista deve ter a concordância de todos os seus colegas e concorrentes."

Em The Virus Hunters, livro escrito por Greer Williams, Salk é descrito como o "Homem do longo avental branco" que tinha de "trabalhar ombro a ombro com promotores e organizadores... que querem levar o conhecimento útil a bom termo com o máximo impacto". Por causa da sua associação com tais homens, Salk foi considerado um "maníaco por publicidade", reputação que lhe valeu o desprezo de *muitos colegas. O* The New York Times *contava que um dos colegas de Salk dissera a este: "Nesses dias, só vejo você na televisão."*

Salk se envolvera com a pesquisa de vacinas em 1943, quando uniu-se ao Dr. Francis nos testes de campo de uma vacina contra duas variedades de gripe. Estes testes é que inicialmente demonstraram a potência dos vírus mortos na produção de anticorpos. Uma vez resolvido o problema da potência, a questão premente era como conseguir o mesmo tipo de imunidade duradoura que se induzia com o vírus vivo atenuado da vacina antivariólica.

O trabalho de Salk com a vacina antipólio consistia em seguir a pista de indícios e juntar os peças. As peças eram:

- *A descoberta, em 1951, de que existem três tipos diferentes de vírus da pólio, sendo que cada um produz anticorpos específicos.*

- *A informação de que anticorpos contra a pólio podem proteger contra a paralisia, baseada na descoberta de que o vírus surge no fluxo sanguíneo antes de aparecer qualquer sintoma de pólio paralítica, em algum momento entre cinco e 31 dias após a injeção.*

- *A produção de vacinas relativamente bem-sucedidas, com vírus morto, por outros dois pesquisadores.*

- *A descoberta de um método para fazer crescer vírus de pólio em tecido comum, para que eles pudessem ser cultivados em quantidade suficiente para produzir uma vacina.*

A habilidade de Salk para juntar as peças foi com freqüência menosprezada. Disseram que ele estava apenas usando as idéias de outros pesquisadores e que estava no lugar certo e na hora certa. Salk, que fez a parte principal de seu trabalho quando era professor de pesquisa e diretor dos Laboratórios de Pesquisa sobre Vírus na Universidade de Pittsburgh, com um grande laboratório e uma equipe de 50 pessoas, estava em excelente posição para "reunir os ingredientes" e fazer uma vacina. "É muito fácil dizer que se ele não tivesse criado sua vacina, alguém teria feito o trabalho", escreveu Robert Coughlan na edição da Life *de 20 de junho de 1955. Coughlan salienta, porém, que se as pessoas esperassem por outras para "provar a superioridade do métodos delas (como algum dia pode acontecer), isso seria à custa de milhares que, entrementes, teriam ficado aleijados ou morreriam por falta de qualquer proteção".*

Para testar a produção de anticorpos que resultaria da sua vacina, Salk decidiu em 1952 experimentá-la num lar para crianças aleijadas. Uma vez que as crianças já haviam tido pólio, elas eram presumivelmente imunes. Primeiro, ele fez exames nas crianças para detectar anticorpos da pólio existentes, de modo a poder fazer comparações. Quando existiam anticorpos, eles atingiam níveis ainda maiores após a vacinação.

O trabalho de Salk levou-o a concluir: "É possível, mediante material não-infeccioso, aproximar-se, e talvez ultrapassar, do nível de anticorpos produzidos pela infecção." Muitos virólogos perguntaram se ele estava a lhes impingir uma lista de vantagens.

Salk porém parecia acreditar totalmente no que estava fazendo. Ele vacinou a si mesmo, sua esposa e seus três filhos — Peter, de nove anos, Darrell, com seis, e Jonathan, com três. Todos os Salk apresentaram impressionante aumento do nível de anticorpos. Então, em 1953, num bairro abastado de Pittsburgh, 474 crianças foram vacinadas com base na suposição que onde água e sabão eram usados abundantemente, a imunidade natural à pólio seria das mais baixas. De fato, quando as crianças foram submetidas a exames para determinar seus níveis de anticorpos pré-injeção, 60% delas não apresentaram anticorpos detectáveis. Depois da vacinação, o nível de anticorpos subiu muito.

Nessa época, o Dr. Albert Mitzer, do Hospital Michael Reese, em Chicago, anunciou que havia usado o método de Salk para matar o vírus de pólio, sem sucesso. Outros cientistas no país inteiro ficaram desconcertados diante da certeza dos superiores de Salk, que afirmaram que se alguém não conseguira reproduzir os resultados de Salk, não tinha seguido seus métodos. O ciúme profissional parecia feroz.

Além do mais, os cientistas que trabalhavam no Comitê de Imunização da Fundação Nacional para a Paralisia Infantil acharam que estavam sendo desconsiderados. Outros queriam mais tempo para confirmar as afirmações de Salk em outros laboratórios; eles queriam organizar um consórcio de universidades que compartilhariam as descobertas entre si. O Dr. Joseph A. Bell, epidemiólogo do Instituto Nacional de Doenças Infecciosas e Alérgicas do Serviço de Saúde Pública, esboçou as regras que seriam usadas nos testes de campo — regras segundo as quais cada pingo da vacina seria testado três vezes para maior segurança, primeiro pelo laboratório fabricante, depois pelo laboratório de Salk e, finalmente, pelo laboratório do Serviço de Saúde. Mas quando as dores de garganta do verão fizeram tremer de medo todos os pais da nação, a ameaça de prolongada demora provocou gritaria. No curso da disputa que se seguiu, Bell se demitiu.

Os testes de campo atolaram em brigas até 1954. Alguns epidemiólogos insistiam em um estudo feito às cegas usando placebo; nem o médico nem a criança saberia o que estava sendo dado a quem. Mas recusar à metade das crianças a vacina verdadeira e seus benefícios colocava outros cientistas diante de um dilema moral. Outros ainda achavam que a Fundação Nacional não merecia confiança para efetuar os testes, pois uma organização empenhada em vencer a pólio não poderia ser imparcial.

Finalmente, em meados de maio, a vacinação triplamente testada tinha passado pela experiência de campo — 642.360 alunos das primeira e segunda séries haviam recebido a primeira das três picadas.

> *Alguns receberam vírus mortos, outros receberam placebo e alguns não receberam coisa alguma (só foram espetados com a agulha). As taxas de pólio nas áreas testadas caíram em 40% em relação às taxas de anos anteriores.*
>
> *Posteriores testes de campo, bem como problemas de fabricação, revelaram que a capacidade da vacina produzir anticorpos era variável e que alguns lotes eram "basicamente desprovidos de atividade antigênica". Conforme diz Williams em* The Virus Hunters, *"a vacina Salk era tudo, menos um produto padronizado".*
>
> *Quando esquentou o debate sobre se devia ou não permitir-se a Salk continuar seu trabalho, um participante disse: "Àqueles que estiverem dispostos a impedir o uso (da vacina) devem preparar-se para serem assombrados pelo resto da vida por corpos aleijados de criancinhas que teriam sido salvas da paralisia se lhes fosse permitido receber a Vacina Salk."*
>
> *A Vacina Salk foi distribuída comercialmente, por fim, em 1955. Na época, um artigo na revista do* New York Times *propunha que "a prova real virá nas estatísticas". As estatísticas, claro, falaram. A Vacina Salk acabou com um problema trágico, e Jonas Salk tornou-se o mais conhecido dos cientistas que estiveram envolvidos nos experimentos.*

A escolha da administração por via retal feita pelo Dr. Contreras contornaria esse problema. Além disso, este método de introdução tem a vantagem de utilizar grandes vasos sanguíneos (com freqüência vistos como hemorróidas), destinados a preservar fluidos corporais, especificamente os fluidos usados no processo digestivo. Esses vasos sanguíneos, que agem como esponjas altamente eficientes absorvendo o excesso de água, fornecem uma via muito eficiente para a administração de suspensões de cartilagem de tubarão. A cavidade vaginal é apenas uma adequada segunda cavidade que o Dr. Contreras resolveu usar.

Finalmente, oito pacientes fizeram parte do estudo de Contreras; dos 10 originais, um desligou-se e outro morreu muito cedo. Os oito pacientes de câncer avançado restantes eram considerados terminais, entretanto, após um período de dois meses, observar-se-ia resposta positiva em sete deles. Nos sete casos, haveria redução do tamanho do tumor de 30 a 100%. E esses resultados com pacientes de câncer em fase terminal seriam diretamente decorrentes da terapia com cartilagem de tubarão, e só dela.

Históricos dos casos

Cada um dos oito pacientes foi avaliado previamente por Ernesto Contreras Jr., e aprendeu a se auto-administrar a cartilagem. Foram então entregues aos pacientes pacotes contendo doses medidas de 15 gramas de cartilagem de tubarão experimental altamente concentrada, para serem misturadas logo antes da administração com dois terços de xícara de água na temperatura do corpo. Ao todo dois pacotes (30 gramas) eram administrados cada dia, usando um dispositivo plástico de paredes flexíveis, tipo seringa, com um bico de enema de duas polegadas. Os pacientes eram acompanhados toda semana por uma enfermeira e recebiam mais pacotes de material de cartilagem. De duas em duas semanas, o Dr. Contreras Jr. avaliava o progresso dos pacientes e os examinava, se necessário.

Os oito casos eram:

- Uma mulher de 48 anos com câncer do colo do útero localmente avançado, inoperável, com invasão para a bexiga. Doses de radiação já aplicadas não adiantaram; a mulher tinha ulcerações e dor considerável relacionada ao tumor. Com sete semanas de terapia de cartilagem de tubarão a dor praticamente sumira e o tumor estava 80% menor. Após 11 semanas de tratamento, houve completa (100%) redução no tamanho do tumor; tudo o que restou foi tecido cicatricial, que podia ser apalpado (examinado mediante toque). A dor sumira completamente.

- Uma mulher de 50 anos com hemangioma vaginal do tamanho de uma toronja grande, 12,5 x 12,5 centímetros, que persistira mesmo após uma histerectomia. Uma vaginectomia parcial e doses máximas de radiação externa e interna não ajudaram. Após sete semanas de tratamento com cartilagem de tubarão, o tumor estava pelo menos 60% menor, e não era visível sangramento algum. Após 11 semanas, o tumor estava do tamanho de uma laranja pequena. Este caso é considerado um dos mais significativos no estudo, porque é um exemplo bem definido de antiangiogênese. Um hemangioma é um saco ou vaso sanguíneo em contínuo crescimento. Embora não seja um tumor maligno, o hemangioma pode ameaçar a vida porque, caso houver ruptura, o paciente pode esvair-se em sangue. Ele também é bastante similar à lesão do sarcoma de Kaposi, deixando-nos esperançosos de que a cartilagem de tubarão dê certo com essa enfermidade.

- Uma mulher de 32 anos de idade, com câncer do colo do útero em Estágio IV (muito avançado), com bloqueio renal, necessitando de uso permanente de catéter na uretra. O tratamento com cartilagem de tubarão foi iniciado como último recurso; em casos como este, a morte é tida praticamente como uma certeza. Após sete semanas, o tumor era pelo menos 40% menor, o catéter uretral não mais era preciso, a dor quase desaparecera e a paciente se alimentava melhor, começando a ganhar peso. Com 11 semanas, o tumor era 60% menor.

- Um homem de 48 anos, o único paciente masculino do estudo, com sarcoma inoperável de tecido mole muito grande, no Estágio III, cobrindo todo o dorso da coxa direita. Tinha ocorrido resposta parcial à radioterapia, porém o tumor continuara a crescer rapidamente. Após sete semanas de terapia com cartilagem, não houve alívio visível. Após nove semanas, Ernesto Contreras Jr. decidiu, a contragosto, que a remoção cirúrgica do tumor era necessária. Durante a operação, o cirurgião, Francisco Contreras, descobriu que todo o núcleo do tumor — mais de 60% da massa — havia gelatinizado e necrosado. O tumor estava se decompondo de dentro para fora e não havia metástase no pulmão, como acontece freqüentemente com este tipo de câncer.

- Uma mulher de 38 anos com tumor residual, após uma histerectomia total por câncer do colo do útero. O tumor não respondera a doses máximas de radiação interna e externa. A paciente encontrava-se em geral em deficiente estado físico e tinha muitos sintomas, inclusive considerável dor relacionada ao câncer. Após seis semanas de terapia com cartilagem de tubarão, evidenciava-se claramente subjetiva melhora. A dor praticamente sumira, assim como a maioria dos outros sintomas, e a mulher preferiu suspender o tratamento após sete semanas. Entretanto, transcorridas 11 semanas, os dois pulmões da mulher apresentavam tumores. Isto indica que a terapia com cartilagem tem de ser continuada provavelmente até todos os sinais de tumores desaparecerem.

- Uma mulher com 62 anos, com metástase óssea na região sacroilíaca direita, originada em câncer do colo do útero previamente tratado. A metástase desenvolvera-se numa área que fora irradiada. Com nove semanas de terapia com cartilagem de tubarão, o tumor estava pelo menos 80% menor. Após 11 semanas, todos os sinais do tumor haviam sumido, e a paciente foi considerada curada.

- Uma mulher de 36 anos, com carcinoma peritoneal no Estágio IV, proveniente de um câncer primário no cólon. A cirurgia exploratória confirmara o diagnóstico de câncer inoperável, e a paciente contava com escassas chances de sobrevivência. Tendo feito sete semanas de tratamento com cartilagem de tubarão, a paciente desenvolveu um abscesso na parede abdominal, que demandou um segundo procedimento cirúrgico. Durante a cirurgia, o tumor apresentou tamanho 80% menor, e a maior parte do tumor remanescente encontravase gelatinizada. Isto, é claro, era devido à necrose do tumor, indicando mais um caso tratado com sucesso. Após 11 semanas, a paciente se livrara do tumor e era considerada pelos médicos como uma "cura milagrosa".

- Uma mulher de 45 anos com câncer de mama inflamatório bilateral que invadira a pele e a parede torácica. Foi o único paciente que não reagiu à cartilagem. Após seis semanas, a falta de resposta era evidente, e a terapia foi encerrada.

Você perguntará como é possível que os sete tumores tenham necrosado. Não é difícil entender que um inibidor da angiogênese pode efetivamente deter o crescimento *ulterior* de uma massa tumorosa, mas como pode um inibidor de angiogênese *encolher* uma massa tumorosa já existente?

A resposta reside no fato de que a rede sanguínea de um tumor é frágil, decididamente mais frágil do que uma rede sanguínea normal. Uma vez que os vasos da rede de um tumor estão em constante desintegração, eles sempre precisam ser substituídos. Se um inibidor da angiogênese, como a cartilagem de tubarão — ou, mais exatamente, como a proteína que existe naturalmente na cartilagem de tubarão —, pode deter a formação de vasos substitutos, pode ocorrer e ocorrerá uma rápida necrose, como vimos nos casos estudados.

O estudo dos oito pacientes realizado pelos Contreras está em grande parte concluído. As respostas acima detalhadas são bastante surpreendentes; sete pacientes com câncer, que previamente tinham pouca ou nenhuma esperança de vida, agora abençoam os doutores Contreras e a cartilagem de tubarão.

Ulteriores estudos mexicanos

No México, foram divulgados resultados em maio de 1992 a partir de estudos clínicos preliminares levados a efeito pelo Dr. Roscoe L. Van Zandt. O Dr. Van Zandt, ginecologista em Arlington, Texas, que trabalha também na Clínica Hoxsey, em Tijuana (México), relatou que oito mulheres com tumores de mama avançados tinham recebido 30 a 60 gramas de cartilagem de tubarão ao dia, administrados oralmente. Em todas as oito pacientes, após seis a oito semanas, os tumores tiveram o tamanho reduzido significativamente. Pelo exame de alguns dos tumores, foi óbvio que o tecido interno mudara a cor de rosado para cinza, sinal de necrose. Em três casos, os tumores haviam ficado encapsulados, e em dois casos, apesar de terem estado aderidos à parede torácica, haviam descolado e estavam soltos. De acordo com o Dr. Van Zandt, tumores aderidos raramente descolam, se é que isto ocorre, pois quando eles estão aderidos passam a erodir o osso da parede torácica. Além desses oito casos de câncer de mama, duas mulheres com fibromas uterinos tinham visto seus tumores sumirem. Nenhum desses 10 casos é definitivo, e os resultados de todos são preliminares, mas de fato eles mostram possibilidades empolgantes e a necessidade de estudos complementares.

O PROJETO PANAMÁ

No Panamá, uma equipe de profissionais da saúde dirigida pela Dra. Ella Ferguson também tem pesquisado o efeito da cartilagem de tubarão no câncer. Em um caso, um homem com 43 anos de idade, com câncer pulmonar terminal e metástases em ossos e cérebro, recebeu cápsulas de cartilagem de tubarão a partir de novembro de 1991. Não foi usada nenhuma outra terapia, pois acreditava-se que a medicina convencional não seria efetiva.

Ao longo do período entre novembro de 1991 e janeiro de 1992, houve melhora sensível na capacidade ventilatória (respiração). O paciente parou de sentir dor no peito e nos quadris. Contudo, a metástase cerebral continuou, e a dosagem de cartilagem de tubarão foi aumentada para 30 gramas por dia, ministrados por via retal.

Em meados de fevereiro de 1992, o paciente começou a queixar-se de fortes dores de cabeça e visão dupla. A dosagem foi novamente ampliada, desta vez para 60 gramas por dia. Após 72 horas de dosagem aumentada, a dor diminuiu, a visão dupla cessou e os sintomas não retornaram. O desaparecimento desses sintomas indica que o tumor cerebral poderia estar encolhendo.

Em outro caso, um paciente com tumor avançado no fígado recebeu 60 gramas de cartilagem de tubarão por dia na forma de quatro enemas de retenção de 15 gramas cada. Ao fim de um período de oito semanas sem outro tratamento além da cartilagem de tubarão, o paciente experimentou completa remissão do tumor. Eu pessoalmente vira este paciente antes do tratamento ser iniciado, e tive pouca esperança. Quando o vi após oito semanas de tratamento, ele estava recuperando peso e parecia bastante robusto.

UM TRABALHO EM CUBA ATRAI A ATENÇÃO DA MÍDIA

Uma das nossas experiências clínicas mais empolgantes foi realizada recentemente em Cuba. Não só este estudo provou ser uma mina de ouro em termos de informação, ele também foi apresentado no programa *60 Minutes* da rede CBS no início de 1993, dando assim grande divulgação ao meu trabalho.

Os repórteres do *60 Minutes* vinham realizando um estudo cuidadoso sobre os usos da cartilagem de tubarão há quase um ano. Em janeiro de 1993, câmeras e repórteres me acompanharam a Cuba, onde testemunharam os impressionantes resultados de uma experiência que envolvia 27 pacientes com câncer terminal.

Eu fizera a conexão com Cuba pela primeira vez em 1992, quando representantes do governo cubano me convidaram para dirigir um estudo com pacientes civis em um dos hospitais militares do país, modernos e completamente equipados. Vinte e sete pacientes com câncer terminal, todos classificados como Estágio III ou IV, foram escolhidos para participar. A maioria já se submetera a cirurgia, radiação, quimioterapia ou uma combinação de tratamentos, sem sucesso. Os pacientes foram admitidos em uma clínica atendida por equipe completa, anexa ao hospital, enquanto durou o estudo, garantindo assim a padronização do procedimento e permitindo ampla variedade de exames de laboratório (ultra-som, tomografia computadorizada, raios X, hemogramas) e levantamento de dados. Quando experiências clínicas são realizadas fora de um hospital, como acontece com freqüência nos Estados Unidos, é muito difícil garantir que os pacientes cumpram os procedimentos corretos.

Conforme o procedimento estabelecido no estudo cubano, cada paciente recebia 60 gramas por dia de um produto de cartilagem de tubarão 100% puro processado segundo a patente apresentada nas páginas 97-98, o mesmo produto usado em todas as experiências comentadas neste livro. Foi preparada uma solução misturando-se 15 gramas de cartilagem de tubarão em 120ml de água. Esta solução foi administrada como enema de retenção através de tubulação cirúrgica conectada a uma grande seringa. Após a administração, os pacientes ficam deitados sobre o lado esquerdo por 20 minutos, para garantir adequada absorção. No decorrer do estudo, vários pacientes passaram a utilizar a administração oral. Também foram experimentadas doses maiores, e logo descobrimos que a dosagem ótima para pacientes com câncer em fase terminal é um grama de cartilagem de tubarão por quilo de peso corporal. Ou seja, um homem de 90 quilos deve receber 90 gramas de cartilagem de tubarão por dia, enquanto uma mulher de 55 quilos receberá 55 gramas. Com esses níveis, nós vimos que muitas vezes os tumores começam a encolher, a dor diminui substancialmente e sintomas de artrite reumatóide, osteoartrite e psoríase (ver página 148-149) — quando existem — costumam desaparecer depressa.

No início de janeiro de 1993, 18 pacientes que haviam permanecido no estudo por 16 semanas foram avaliados, e a primeira experiência foi concluída. Sem exceção, todos os 18 estavam muitíssimo doentes quando o estudo começara. Além disso, em decorrência do embargo econômico, as dietas deles, como as de muitos cubanos, eram desde muito tempo atrás deficientes em vitaminas e minerais. Em que pese o fato de as circunstâncias conspirarem contra o estudo, quase 40% das pessoas testadas experimentaram expressiva melhoria em suas condições. Além do mais, os médicos participantes — tanto cubanos como americanos — concordaram em que, mesmo não tendo curado os pacientes, a cartilagem de tubarão "melhorara notavelmente a qualidade de vida deles".

Os 18 pacientes avaliados eram:

- Um homem de 82 anos com câncer de próstata que metastatizara no osso. Tinham lhe afirmado que não havia o que fazer. Após duas semanas de cartilagem de tubarão, ele se livrara da dor. Após 16 semanas, medições por ultra-som revelaram que o tumor encolhera em 58%.

- Um homem de 56 anos com câncer cerebral. Em 1990, 80% do tumor foram retirados cirurgicamente, e depois o homem recebeu radiação e quimioterapia. Após seis semanas com cartilagem de tubarão, o indivíduo disse sentir-se muito melhor. Após 16 semanas, ele tinha dificuldade para falar, porém é muito significativo que não fosse detectado nenhum novo crescimento apreciável do tumor até esse momento. Na maioria dos casos, tumores cerebrais crescem rapidamente; de modo geral, a cirurgia não remove o tumor completamente, e é comum ele voltar a crescer.

- Um homem de 73 anos com um tumor em rápido crescimento na base da língua. No começo do estudo, o tumor de 30 x 32 milímetros impossibilitava a deglutição. O homem perdera tanto peso que estava fraco demais para levantar-se da cama. Após seis semanas de cartilagem de tubarão, o tumor encolhera em 53% e o homem conseguia comer. Depois de 16 semanas, o tumor começara a crescer de novo.

- Um homem de 72 anos com câncer esofágico. Quando ele ingressou no programa, estava com a garganta bloqueda, sofria dor intensa e não conseguia comer. Após quatro semanas, o tumor encolhera consideravelmente, mas com 16 semanas voltara a crescer.

- Uma mulher de 47 anos com tumor de ovário extremamente grande. No começo do estudo, um tumor de 90 centímetros enchia a cavidade abdominal dela, esticando-lhe tanto a pele que o movimento era muito doloroso. Após seis semanas, a mulher não mais sentia dor e o exame de ultra-som mostrou que o tumor, que ficara aderido à parede pélvica, diminuíra para 85 centímetros no comprimento. Com 16 semanas, a mulher ainda não sentia dor e o tumor, que se descolara completamente da parede pélvica, se tornara operável. Está pendente a remoção cirúrgica do tumor.

- Uma mulher de 48 anos com câncer de mama que fizera metástase no pulmão e no fígado. Após sete semanas tomando cartilagem de tubarão, a paciente declarou sentir-se melhor. Naquele momento o tamanho do tumor não mudara, mas parecia haver mudanças dentro do tumor. Esta paciente morreu antes da avaliação de 16 semanas.

- Uma mulher de 60 anos com câncer de mama e metástase nos ossos. Após 16 semanas, a checagem dos ossos revelou possível novo crescimento do tumor.

- Uma mulher de 63 anos com câncer ovárico que metastatizara no pulmão direito e no fígado. Ao princípio do estudo, os raios X revelaram que o pulmão continha aproximadamente dois litros de fluido produzido pelo tumor. Com seis semanas no programa, o fluido sumira. Os médicos concordaram em que os diuréticos que a mulher tomara não podiam surtir aquele efeito. Parecia que a cartilagem de tubarão havia ajudado a remover o fluido. Entretanto a mulher não sobreviveu até a décima sexta semana.

- Uma mulher de 57 anos com tumor de mama que atravessara a pele e fizera metástase no pulmão. Embora ela tenha experimentado notável diminuição da dor, morreu antes de completar o estudo.

- Uma mulher de 81 anos com câncer de mama e metástase nos ossos. Após seis semanas de terapia com cartilagem de tubarão, o tumor encolhera de 65 x 49 milímetros para 24 x 32. Com 16 semanas, não foram observadas ulteriores mudanças no tumor.

- Uma mulher de 72 anos com câncer de cólon que metastatizara no fígado. Após seis semanas com terapia de cartilagem de tubarão, o tumor diminuíra de 33 x 49 milímetros para 24 x 32. Após 16 semanas, todos os sintomas indicavam que a doença do fígado piorara.

- Uma mulher de 63 anos com câncer de mama. Um ano depois de fazer uma mastectomia, o tumor fizera metástase na lesão cirúrgica da parede torácica. Após seis semanas de terapia com cartilagem de tubarão, a mulher estava assintomática. Entretanto ela preferiu afastar-se do estudo.

- Um homem de 49 anos com câncer no fígado que se estendera à pele. Quando começou a tomar cartilagem de tubarão, o homem tinha dor intensa e não conseguia deitar para dormir. Após seis semanas, ele se disse livre da dor, mas os exames da função hepática detectaram mudanças negativas. Com 16 semanas, o paciente ainda estava sem dor, mas o fígado parecia ter ficado maior. Os médicos acham que o quadro do paciente melhorou o suficiente para ele poder candidatar-se a um transplante de fígado.

- Um homem de 22 anos com câncer cerebral não-metastático. Antes do estudo, grande parte do tumor fora removida cirurgicamente. Após 16 semanas de terapia com cartilagem de tubarão, não havia evidência de novo crescimento do tumor.

- Um homem de 59 anos de idade com câncer cerebral. Aproximadamente 90% do tumor tinham sido removidos cirurgicamente. Sinais de pressão intracranial levaram os médicos a operar o homem mais uma vez. A cirurgia revelou que um novo tumor estava crescendo, e também a presença de uma massa tumoral necrótica, ou morta. Esta massa pode ter necrosado por causa da terapia com cartilagem.

- Um homem de 18 anos com câncer cerebral. Após a remoção cirúrgica do tumor, este paciente sofria problemas de equilíbrio e fraqueza muscular tão graves que era totalmente incapaz de andar. Além disso, seu nervo facial estava paralisado, deixando-o sem condições de usar os músculos da expressão facial ou de fechar os olhos. Na avaliação das seis semanas, a paralisia facial sumira e o jovem estava andando e nadando. Com 16 semanas, os problemas com seu sistema nervoso central continuavam a melhorar.

- Um homem de 70 anos com câncer prostático que metastatizara no osso pélvico. Raios X feitos três a quatro semanas após o início da terapia com cartilagem de tubarão mostraram formação de osso novo na área onde o câncer erodira a pelve. Antes da avaliação das 16 semanas, o paciente morreu de obstrução intestinal não relacionada ao câncer.

- Uma mulher de 47 anos com câncer em uma amígdala que se espalhara através do sistema linfático. Os médicos participantes do estudo reconheceram que a sobrevivência desta paciente por seis semanas era notável. Ela morreu antes da avaliação das 16 semanas.

A experiência destes pacientes revelou cinco fatos-chave:

1. O produto de cartilagem de tubarão usado no estudo funciona bem por via oral ou retal.
2. Não ocorre sangramento ou irritação intestinal com administração oral do produto de cartilagem de tubarão. Em algumas pessoas, altas doses orais causam desconforto gástrico menor, tal como gases.
3. A administração por via retal não causa desconforto gástrico nem alterações na mucosa intestinal.
4. Não se observou toxicidade alguma, com nenhum nível de dosagem.
5. Em todos os casos, o uso do produto à base de cartilagem de tubarão reduziu a dor expressivamente. Esta descoberta tal-

vez seja um dos achados mais importantes no estudo. A redução da dor parece ser o primeiro efeito da cartilagem de tubarão. Se supõe que a dor diminui devido à redução do tamanho do tumor.

Os resultados do estudo são ainda mais significativos se lembrarmos que todos os pacientes tinham sido considerados terminais, com pouca chance de sobreviverem usando terapia convencional contra o câncer. É uma pena que não tenha sido possível realizar um estudo mais rigoroso nos Estados Unidos; sendo assim, tive de apelar para Cuba. Os representantes do governo cubano estavam tão impressionados com os resultados que uma segunda experiência está programada. Ela envolverá mais de 100 pacientes, divididos em quatro grupos de 25, segundo o tipo de câncer que os acometer — mama, próstata, osso ou cérebro. Acredito que os pacientes do primeiro estudo cubano tenham atingido um patamar no encolhimento dos tumores devido a deficiências na dieta, de modo que o segundo estudo deverá incluir o uso de suplementos vitamínicos e minerais.

E EM NOVA JÉRSEI

Mesmo antes da transmissão do programa *60 Minutes*, a informação sobre o efeito da cartilagem de tubarão vinha atraindo a atenção do público. Em Bloomfield, Nova Jérsei, o Dr. Renato Martinez, um médico clínico interessado, lera um artigo sobre o meu trabalho e me contatou para obter mais informação. Entusiasmado com o que eu lhe disse, o Dr. Martinez começou a administrar cartilagem de tubarão a pacientes com câncer, monitorando seus progressos e controlando os efeitos colaterais.

O Dr. Martinez começou trabalhando com pacientes no verão de 1992 e logo descobriu que doses elevadas de cartilagem de tubarão — até 120 gramas — provocavam incríveis efeitos. Ele trabalhou com mais de 110 pacientes e encantou-se com a impressionante reviravolta no estado de saúde deles. Exames de tomografia axial computadorizada e ressonância magnética mostram que pelo menos 15 dos pacientes do Dr. Martinez praticamente se livraram dos tumores. Outros apresentam redução do tamanho do tumor. No momento da edição deste livro, o Dr. Martinez compilava seus dados e preparava um relatório para ser submetido a publicações científicas.

A TEORIA ENTRA NO MUNDO REAL

Um das principais conseqüências das experiências clínicas é que elas introduzem a teoria no mundo real. Nossas experiências com pessoas, além de testarem e provarem a teoria de que a cartilagem de tubarão pode causar grande redução do tumor, nos deram também alguns elementos concretos relativos ao método para alcançar a reversão.

Embora os dados sobre dosagem sejam um tanto limitados, a informação das diversas experiências aqui comentadas sugere o uso de elevados níveis de dosagem, o que não surpreende como tática de ação em se tratando de tumor em rápido crescimento. Nos estudos do Jules Bordet, mil e duzentos miligramas (1,2 gramas) de cartilagem seca por quilo de peso corporal inibiram o crescimento do tumor. No caso de uma pessoa com 50 quilos de peso, isto equivale a 50 gramas diários.

Doses diárias elevadas de 50 a 60 gramas podem ser ministradas eficazmente como enemas de retenção, ou parte como enema e parte por via oral. Doses menores dadas nas fases precoces do câncer ou como medida preventiva pareciam ser efetivas quando ministradas oralmente. Estão pendentes os resultados de um estudo feito na Alemanha comparando os métodos de administração oral e retal.

Tendo em vista que a cartilagem de tubarão age como inibidor da angiogênese, é mais provável que ela tenha efeito nos tumores sólidos mais densamente vascularizados. Cânceres de mama, colo do útero, próstata, sistema nervoso central e pâncreas são alguns dos mais densamente vascularizados e por isso são potencialmente os melhores alvos para terapia com cartilagem de tubarão. Cânceres como linfomas, Hodgkins e leucemia têm menor probabilidade de serem afetados pela cartilagem de tubarão, pois seu desenvolvimento raramente envolve nova vascularização.

Entretanto, encolher tumores é apenas parte do papel da cartilagem de tubarão no controle do câncer. Talvez ainda mais importante é o potencial dela como medida de profilaxia. Teoricamente, qualquer suplemento natural atóxico que inibe o desenvolvimento de novos vasos sanguíneos deveria agir como preventivo do câncer em qualquer nível de uso. O grau de proteção é, claro, a questão aberta. Dentro em pouco, talvez tenhamos resultados de estudos sobre os efeitos da cartilagem de tubarão como medida profilática contra o câncer e outras doenças dependendentes da angiogênese. Esperamos que esses resultados nos ajudem a obter apoio financeiro do governo e de outras fontes para estudos ulteriores sobre efeitos profiláticos, que são muito caros.

UTILIZANDO OS RESULTADOS DA PESQUISA

Os efeitos preventivos e terapêuticos da cartilagem de tubarão se tornam mais evidentes à medida que a pesquisa prossegue. Achados preliminares indicam que tumores — tanto malignos como benignos — têm seu tamanho reduzido como resultado direto da administração de cartilagem de tubarão. Esses resultados são influenciados pela via de administração (oral ou retal), pelo estado do tumor (avançado ou precoce), por tratamentos simultâneos e pela quantidade de material à base de cartilagem de tubarão utilizada. Pode vir a comprovar-se que o tipo de cartilagem de tubarão seja um fator. Todas as experiências clínicas comentadas neste livro foram efetuadas usando um produto de cartilagem de tubarão 100% puro, processado de acordo com a patente a que nos referimos nas páginas 97-98.

Os dados parecem indicar que para tumores do Estágio III e IV deverá ser usado aproximadamente um grama de cartilagem de tubarão por quilo de peso corporal diariamente. Quando possível, o material será ministrado como enema de retenção, mas, caso for preciso, pode ser ministrado oralmente. Alguns pesquisadores descobriram que a administração retal produz os melhores resultados, porém a via oral também dá certo. A maior redução de tumores tem sido verificada com administração oral/retal.

As doses devem ser distribuídas ao longo do dia para manter o nível de proteína ativa no sangue razoavelmente constante. Por exemplo, pode aplicar-se uma dose de manhã, após a defecação; uma, na hora de deitar, e duas durante o dia. Para administração oral, misture a cartilagem com suco de verduras, como tomate, cenoura ou beterraba, ou num néctar de fruta. Para preparar um enema de retenção, misture 15 gramas (três colheres de chá rasas) de pó de cartilagem de tubarão em dois terços de xícara de água na temperatura do corpo. As mulheres podem preferir tomar pelo menos uma dose como suspensão aquosa introduzida na cavidade vaginal, especialmente nos casos de tumor vaginal, do colo ou uterino.

Resultados preliminares indicam que há de notar-se alguma redução no tamanho do tumor seis semanas após o início do tratamento, e importante redução do tumor em 11 semanas. Quando os tumores não ameaçam a vida tão gravemente, o nível de dosagem pode baixar; a prática mostra que a dosagem pode ser reduzida em até 60%.

Quero que fique bem claro que até este momento, sem maior evidência, eu *não* estou sugerindo que as abordagens médicas convencionais sejam substituídas pela administração da cartilagem de tubarão. Creio, de fato, que a cartilagem de tubarão pode e provavelmente deve ser usada junto com abordagens convencionais. Quando são aplicadas outras terapias, penso que a dosagem de cartilagem de tubarão deve permanecer constante até os tumores acabarem.

É bom lembrar que médicos mais ortodoxos não estão familiarizados com o trabalho que vem sendo feito com cartilagem de tubarão. Os pacientes deveriam tomar decisões referentes ao uso da cartilagem — bem como quanto ao uso de quaisquer terapias — baseadas na melhor informação disponível. É a sua vida; cabe-lhe fazer seu dever de casa.

Prevenção do câncer é outro tema. A pesquisa para determinar as propriedades profiláticas de uma substância requer longo período de tempo, além do estudo de muitos casos. No entanto, nesses últimos anos, eu tenho feito numerosas observações relativas ao uso da cartilagem de tubarão para reduzir as probabilidades de desenvolvimento de metástase ou recorrência do câncer. Um dos casos mais dramáticos que observei aconteceu por volta de 1988, referente a uma mulher jovem que fora submetida a cirurgia de câncer de mama e nódulos linfáticos. O prognóstico depois da cirurgia não era bom. Mas essa mulher brilhante e determinada leu e estudou tudo que pôde achar sobre terapia do câncer. Ela lera a respeito da cartilagem de tubarão, e uma manhã de domingo ela apareceu na porta da minha casa. Depois de indagar extensamente sobre o material, ela suplicou que eu lhe fornecesse um pouco de cartilagem de tubarão, ainda muito primitiva. Desde então, ela tem tomado nove cápsulas (nem sete gramas ao todo) por dia de cartilagem de tubarão, e encorajou muitas pessoas em situação similar a fazerem o mesmo. Embora as probabilidades de desenvolver uma recorrência do câncer dentro de dois anos sejam de 30%, nem essa mulher ou qualquer pessoa do círculo dela tem tido recorrência. Ao que parece, sete a oito gramas de cartilagem de tubarão por dia podem evitar a recorrência, especialmente quando se adota um estilo de vida sadio, inclusive boa nutrição, e a pessoa tem peso normal.

O TRABALHO CONTINUA

Muitos fatos e números estão aí e mostram que a cartilagem de tubarão tem efeito intenso sobre os tumores. Cientistas e médicos no mundo inteiro — no Texas, na Alemanha e em Nova York — estão agora realizando pesquisas que ampliarão nosso conhecimento. Respostas iniciais com quatro pacientes na Holanda já mostraram um caso em que o tamanho do tumor foi reduzido em 25%; os três casos restantes apresentaram melhor resposta enzimática e marcada melhoria nos impulsos elétricos dos órgãos cancerosos.

Porém tumores e metástases não são os únicos problemas que a cartilagem de tubarão pode controlar. Quando a cartilagem está no organismo da pessoa, suas características antiinflamatórias e antiangiogênicas começam a agir sobre diversas doenças. Seus efeitos na artrite, psoríase e enterite já foram demonstrados, e seus prováveis efeitos na retinopatia diabética, no glaucoma neovascular e na degeneração macular têm sido comentados em muitas publicações científicas. Muitas dessas doenças são da "terceira idade", e como a média de idade da população mundial continua a crescer, este "efeito colateral" positivo da cartilagem de tubarão pode vir a ser uma das suas principais vantagens.

5.

Outros benefícios

> *O processo pelo qual a cartilagem dá lugar ao osso, permitindo a calcificação e a vascularização no corpo em desenvolvimento, sugere um mecanismo por meio do qual o corpo se desenvolve: ele sugere que cartilagem e osso contêm substâncias que afetam profundamente outros tecidos. A idéia poderia vir a ter implicações importantes para o controle da doença.*
>
> Arnold I. Caplan
Scientific American

Obviamente, a cartilagem de tubarão oferece imenso potencial para a prevenção e cura do câncer. Parece, entretanto, que ela pode ter também profundo efeito em portadores de outras moléstias.

A Dra. Patricia D'Amore e o Dr. Michael Klagsbrun, da Escola de Medicina de Harvard e do Hospital Infantil de Boston, têm ressalvado a necessidade de estudos que nos ensinem como controlar a angiogênese que ocorre na vascularização de tumores, na retinopatia diabética e na artrite reumatóide. O Dr. Judah Folkman, cuja hipótese sobre a angiogênese estimulou boa parte da pesquisa comentada neste livro, também acredita que terapias para muitas doenças possam resultar da pesquisa sobre angiogênese. Na edição de janeiro de 1987 da *Science*, ele pergunta se seria possível controlar o desenvolvimento de vasos sanguíneos em doenças como a retinopatia diabética, a artrite reumatóide e o câncer, mediante específicos inibidores de angiogênese.

Embora a angiogênese seja associada normalmente a funções positivas do corpo, tais como a cura de ferimentos e o desenvolvimento embrionário, muitas doenças são causadas pela angiogênese ou dela dependem. O Dr. Folkman propôs classificar essas doenças como "doenças angiogênicas". Câncer, psoríase, retinopatia diabética, glaucoma neovascular, osteoartrite e artrite reumatóide e inflamação são algumas das enfermidades mais comuns associadas com a angiogênese e, portanto, têm probabilidade de serem controladas por antiangiogênese ou, em outras palavras, pela cartilagem de tubarão.

CONTROLE DA ARTRITE

Enquanto o câncer atinge mais de um milhão de novas vítimas cada ano só nos Estados Unidos, 70 milhões de norte-americanos sofrem de artrite. Cerca de 15% da população mundial padecem de osteoartrite, que assim se torna um dos distúrbios crônicos mais comuns. A zona lombar, braços, pernas, dedos, joelhos e ombros são apenas algumas das partes afetadas. Muitas pessoas ficam quase imobilizadas pela doença, ou pela artrite reumatóide, ainda mais debilitante.

Artrite reumatóide

Artrite reumatóide é uma doença inflamatória que afeta inicialmente as junturas do corpo. Defeitos de articulação, perda muscular e destruição de ossos e cartilagens estão associados a esta moléstia.

A artrite reumatóide varia quanto à sua gravidade, de um incômodo relativamente trivial que acontece uma vez e nunca mais, a uma condição crônica que envolve uma ou várias juntas, até uma forma que ocasiona completa invalidez. Existem nos Estados Unidos cerca de oito milhões de portadores de artrite reumatóide que precisam de atendimento médico.

A artrite sempre carregou consigo uma perspectiva pessimista; não se podia contar que algum tipo de tratamento médico revertesse o dano. Muitas pessoas que experimentam só uns poucos sintomas nem vão ao médico, porque é crença generalizada que a medicina tradicional não tem condições de ajudar muito. A principal abordagem — e a única que parece trazer alívio — é o uso de analgésicos para aliviar os sintomas. O uso desses medicamentos, porém, pode acarretar outros problemas de saúde (ver página 136). Esses problemas são especialmente sérios, porque a necessidade de analgésicos é provavelmente pela vida inteira.

A regressão natural da doença não acontece porque a cartilagem é um tecido com um dos ritmos de renovação mais lentos do corpo. A cirurgia — substituição protética total ou parcial — produz as melhorias mais rápidas e notáveis. Entretanto, ela é cara, utiliza recursos valiosos, nem sempre é totalmente bem-sucedida e acarreta o risco inerente de infecção e mortalidade, sobretudo nos idosos. Os riscos e custos se multiplicam, por certo, quando o paciente está afetado em várias articulações importantes, o que é bastante comum. Não surpreende que o Dr. John Prudden tenha escrito, na edição do verão de 1974 dos *Seminars in Arthritis and Rheumatism:* "Um material (cartilagem) de tamanho potencial benéfico para tantos milhões de pessoas deveria ser acessível ao público em geral o quanto antes possível."

Embora a causa da artrite reumatóide ainda seja um mistério, sabe-se que o crescimento anormal de capilares pode destruir a cartilagem da juntura; logo, a angiogênese persistente parece estar na raiz da doença. Com base na associação entre artrite e cartilagem, o Dr. Prudden realizou um estudo, do qual fez uma descrição em *Seminars in Arthritis and Rheumatism,* envolvendo nove pessoas com idades entre 43 e 69 anos que sofriam de artrite reumatóide grave. Inicialmente, todas as nove apresentavam dor e rigidez grave, acentuado inchaço das junturas e imagens de raios X típicas da doença. O Dr. Prudden verificou que uma dose de 500cc (centímetros cúbicos) de cartilagem bovina administrada por via subcutânea, por 10 a 35 dias, e seguida de doses de reforço a intervalos de três ou quatro semanas segundo a necessidade, trazia resultados "assombrosamente bons". Os resultados mostravam que um terço dos artríticos evoluíram de avaliações "graves" para "excelentes"; os dois terços restantes foram da dor "severa" a uma avaliação "boa", sendo que o único tratamento foi uma dose diária de cartilagem.

Osteoartrite

Osteoartrite (OA), ou osteoartrose, é uma doença destrutiva da cartilagem articular, localizada nas junturas. Esta doença degenerativa das juntas é o distúrbio reumático mais corrente que afeta o sistema musculoesquelético: 40 milhões de pessoas sofrem dele nos Estados Unidos.

A osteoartrite provavelmente resulta, pelo menos até certo ponto, de resposta ao sistema de imunidade. Pressão excessiva pode causar fragmentação da cartilagem em pontos de esforço intenso. Os pesquisadores pensam que o sistema de imunidade do corpo pode interpretar os fragmentos como ferimento. A reação do corpo frente ao "ferimento" seria gerar inflamação no local, resultando em inchaço e alguns dos sintomas dolorosos da osteoartrite. (Como a cartilagem não possui nervos, a dor padecida pelo paciente com osteoartrite não se origina na cartilagem.) A osteoartrite também pode começar com degeneração e adelgaçamento da cartilagem articular. A posterior invasão da cartilagem, normalmente avascular, por vasos sanguíneos provoca sua calcificação.

Um artigo sobre pesquisa publicado na Inglaterra em 1985 analisa a forma como a angiogênese acelera a destruição da cartilagem, quando esta é invadida pelos novos capilares que apressam o rompimento. Isto pode comparar-se ao caso da água que penetra nas gretas da estrutura, depois congela (o que provoca expansão) e quebra o concreto. Se for possível inibir o desenvolvimento de novos vasos sanguíneos, provavelmente se consiga impedir o posterior rompimento da cartilagem.

A cartilagem de tubarão parece bloquear o processo angiogênico, assim reduzindo significativamente a inflamação e a dor na articulação. Esses efeitos decorrem em parte do conteúdo abundante e eficaz de mucopolissacarídeos na cartilagem de tubarão. Em quase todos os casos, imobilidade e dor na artrite resultam da inflamação. Os mucopolissacarídeos que combatem a inflamação trabalham junto com as proteínas inibidoras da angiogênese para produzir uma resposta muito mais significativa do que qualquer um deles produziria agindo isoladamente.

Em um estudo realizado pelo Dr. John Prudden no princípio da década de 70 e descrito na edição do verão de 1974 de *Seminars in Arthritis and Rheumatism*, 28 pacientes artríticos, todos com dor intensa e grande incapacidade funcional, receberam injeções de um preparado de cartilagem por um período de três a oito semanas. Dezenove casos apresentaram resultados classificados como "excelentes", seis foram considerados "bons" e três foram considerados "regulares" ou "sem reação". Nenhum mostrou sinais de toxicidade ou efeitos adversos.

Outro estudo com uso de cartilagem de tubarão foi efetuado em 1988 pelo Dr. Serge Orloff, um dos principais especialistas em artrite da Europa Ocidental. O Dr. Orloff administrou cartilagem seca de tubarão a seres humanos, dando-lhes nove gramas por dia durante quatro semanas, continuando com quatro gramas e meio ao dia por um longo período. Ele ficou impressionado com os resultados, particularmente o de uma mulher de 49 anos com doença articular femoropatelar "degenerativa". O nível de dor da mulher diminuiu 50% depois das duas primeiras semanas de tratamento, e depois em mais 50% após seis semanas. Ela declarou que podia dobrar ambos os joelhos e as costas com menos dor enquanto fazia as tarefas do dia-a-dia, e que sentia como se tivesse músculos mais firmes.

A partir dos anos 80, foram realizados estudos em cinco clínicas de cinco países da Europa Oriental. O aspecto mais significativo nesses estudos era o dado referente à perda de dias de trabalho. Num período de 10 anos, os pacientes que recebiam o preparado de cartilagem perderam uma média de apenas 20 dias por ano; já os pacientes que não receberam cartilagem perderam um número de dias de trabalho sempre crescente, atingindo um total de 180 em 250 dias úteis no décimo ano. Esses "faltas por doença", que as nações do Bloco Oriental registravam minuciosamente, eram justificadas sobretudo por causa da dor associada à artrite. A dor diminuiu em 85% com a administração de cartilagem. Por sua vez, os pacientes do grupo de controle usaram drogas antiinflamatórias não-esteróides ou placebos e tiveram apenas 5% de redução da dor. A degeneração articular entre os usuários de cartilagem foi de 37% da que sofreram os que formavam o grupo de controle. Em relatório publicado em 1987 em *Seminars in Arthritis and Rheumatism*, o Dr. V. Rejholee conclui: "É evidente que qualquer tipo de medicação que é bem tolerada e se mostra capaz de influenciar o histórico natural da OA, seja retardando o progresso da doença ou causando real regressão, deve ser considerado um grande avanço na terapia deste quadro. As conseqüências em termos de alívio do sofrimento, recursos assistenciais e custos socioeconômicos para a comunidade são de similar importância. Assim, qualquer agente terapêutico com indícios de tal atividade deve ser levado em conta e avaliado cuidadosamente."

Também em 1987, foram publicados os resultados de uma avaliação de longo prazo sobre os efeitos do preparado de cartilagem bovina na osteoartrite, pela direção do Departamento de Reumatologia da Universidade Charles, em Praga (Tcheco-Eslováquia). Tratava-se de um estudo em que nem os 194 pacientes nem os médicos sabiam quem estava tomando o produto de cartilagem e quem tomava placebo. Os níveis de dor neste estudo despencaram em média 50%.

Em 1989, o Dr. José A. Orcasita, professor assistente clínico de medicina interna na Escola de Medicina da Universidade de Miami, realizou um estudo de nove semanas com seis idosos que sofriam de osteoartrite. Todos os pacientes vinham sofrendo significativa dor, dor de nível nove ou 10 numa escala de um a 10, e que seria mais corretamente descrita como quase insuportável. Após a primeira visita, os pacientes pararam de tomar seus medicamentos receitados para dor e inflamação e começaram a tomar cartilagem seca de tubarão. Eles foram avaliados semanalmente durante nove semanas. Três dos seis pacientes completaram o plano de nove semanas, que consistia em doses diárias de nove gramas de cartilagem por via oral, três gramas três vezes ao dia, antes das refeições. (Dois dos pacientes saíram do estudo logo, e um completou só sete oitavos do programa de tratamento.) No decorrer das cinco últimas semanas, a dose foi cortada pela metade, mas ainda administrada em três vezes iguais antes das refeições. Os três pacientes que completaram o plano tiveram diminuição da dor de cinco a seis pontos. (Até o paciente que só fez sete oitavos do previsto respondeu bem.) Em todos os casos, houve notória melhora na qualidade de vida. Os que praticavam atividades físicas contaram que depois de tomarem a cartilagem de tubarão não mais sentiram dor enquanto se exercitavam. O Dr. Orcasita disse: "Os pacientes não apresentaram nenhum efeito colateral, nem toxicidade nem queixa de qualquer tipo."

Também em 1989, o Dr. Carlos Luís Alpizar, diretor do programa geriátrico nacional na Costa Rica, deu doses orais de cartilagem de tubarão a 10 pacientes que padeciam de osteoartrite tão grave que estavam acamados. Depois de três semanas, oito dos pacientes estavam em tratamento ambulatorial. Para garantir que os resultados não decorressem de um efeito placebo — um efeito mais psicológico do que real —, um veterinário de Bruxelas (Bélgica) realizou um estudo cuidadosamente controlado com cães.

Pesquisa com cães

Se você é como eu e já teve amor a um cachorro por muito tempo, sabe como é doloroso ver seu animal de estimação sofrer. Com freqüência a artrite transforma um cãozinho brincalhão em um veterano cidadão sedentário, calmo no melhor dos casos, feroz no pior. Meu cachorro George, que aos nove anos de idade estava dolorosamente artrítico e dava pena só de ver, foi o primeiro cão ao qual foi administrada a terapia com cartilagem de tubarão.

George recebeu uma dose inicial de cartilagem de tubarão em estado bruto, dada todos os dias junto com a comida. Em duas semanas ele era outro cão, de novo com aquele seu jeito inquieto. Ele viveu até os 15 anos, ingerindo cartilagem de tubarão com a comida todos os dias, nos seis últimos anos de sua vida.

Algumas vezes, porém, os cachorros não chegam a viver a expectativa de vida normal. Algumas vezes, a prostração causada pela artrite é tal que os donos de cachorros, emocionalmente torturados, optam por dar algo para o cão "dormir". Na esperança de evitarem essa ocorrência, os donos de mais de uma dúzia de cachorros participaram de estudos dirigidos pelo médico veterinário Jacques Rauis. O Dr. Rauis, doutor em medicina veterinária com consultório em Bruxelas (Bélgica) e membro da Faculdade de Medicina da Universidade de Liège, apresentou seu estudo no Congresso de Veterinária de Pequenos Animais de 1991, em Manchester, Inglaterra.

O primeiro estudo do Dr. Rauis foi realizado com 10 cães, todos sofrendo de grave incapacidade. Foi usada cartilagem de tubarão seca a vácuo e congelada como tratamento para artrite secundária. Cada cão recebeu 750 miligramas de cartilagem seca para cinco quilogramas de peso corporal durante três semanas. Geralmente, o pó de cartilagem era colocado na comida dos cachorros. (Só um dos animais torceu o nariz ao sentir o sabor.) Nenhum outro medicamento, suplemento alimentar ou tratamento foi usado durante o período de teste. Cada cachorro foi avaliado conforme seis parâmetros e recebeu uma nota entre 0 e 5. Os seis parâmetros eram:

I. Inchaço local; dor.
II. Atrofia dos músculos (perda de musculatura na região).
III. Crepitação articular (o barulho de atrito característico da osteoartrite).
IV. Incapacidade antes da ação (anda ou corre com dificuldade após algumas horas de imobilidade).
V. Incapacidade depois da ação (anda ou corre com dificuldade após meia hora de exercício mas consegue vencer um obstáculo não superado anteriormente).
VI. Movimento sobre obstáculo (dificuldade em superar um obstáculo).

A Tabela 5.1 resume as avaliações pré e pós-estudo. Os cães foram avaliados nos dias 8, 15, 21 e 26, e novamente duas semanas depois do fim do tratamento. O Dr. Rauis encontrou logo impressionantes reduções nos sinais da doença. A incapacidade dos animais desapareceu, e a capacidade de contornar obstáculos melhorou tremendamente. Inchaço, dor e imobilidade eram insignificantes. Só dois dos cães não mostraram esses resultados notáveis. Os donos dos outros cães afirmaram que seus cachorros estavam mais alertas, pulavam "como nunca antes", estavam "muito mais vivos" e "muito felizes", e conseguiam "subir os degraus sozinhos". Um até referiu-se aos resultados como "espetaculares". O único efeito colateral informado foi o apetite maior evidenciado por Ada, uma fêmea labrador de sete anos.

Em todos os casos, quando a cartilagem foi interrompida após o vigésimo primeiro dia, os cães regrediram em boa parte ao seu estado dolorido em 15 dias. Quando a cartilagem de tubarão foi novamente acrescentada à dieta deles, a melhora pareceu ainda maior e mais rápida do que a reação original. Esta melhora foi alcançada com 50% da dosagem original.

Tabela 5.1. Avaliação de Cães Artríticos Antes e Depois do Tratamento com Cartilagem de Tubarão

	I Inchaço local; dor	II Atrofia de músculos	III Crepitação de juntas	IV Incapacidade antes da ação	V Incapacidade depois da ação	VI Movimento sobre obstáculos
Cão de teste 1	5/3	2/2	4/2	3/1	3/1	5/4
Cão de teste 2	3/1	3/3	4/3	5/3	5/3	5/3
Cão de teste 3	3/0	1/1	1/1	2/0	2/1	4/2
Cão de teste 4	3/0	3/3	3/3	3/2	4/2	5/1
Cão de teste 5	1/1	0/0	3/2	3/2	2/1	3/2
Cão de teste 7	1/0	1/1	3/0	2/2	3/2	3/2
Cão de teste 8	3/0	3/3	4/2	5/1	4/2	5/3
Cão de teste 9	3/1	3/3	3/3	3/2	3/2	4/2
Cão de teste 10	1/1	2/2	3/3	3/2	2/2	3/3
Cão de teste 11	4/2	2/1	2/2	2/1	2/1	4/2

As avaliações à esquerda são resultados do teste antes da administração de cartilagem de tubarão. Uma nota 0 é a melhor, e 5 é a pior.
O cão de teste 6 foi retirado do estudo.

A observação do Dr. Rauis foi que o efeito principal pareceu ser contra a inchação local. Por outro lado, ele achou que o efeito nos signos funcionais foi "também impressionante". A conclusão dele: "Neste informe preliminar, a cartilagem de tubarão parece efetiva e segura ao ser administrada no tratamento da osteoartrite canina."

Posteriormente, o Dr. Rauis estudou outros seis cães, com resultados similares.

Ben B. Dow, doutor em medicina veterinária, que exerce em consultório particular em Vermont, tem administrado cartilagem de tubarão a cães artríticos mais velhos, dos quais ele trata. Recentemente ele me escreveu, dizendo: "Estou usando o produto à base de cartilagem de tubarão e após 25 anos de prática profissional tenho que admitir que os resultados são melhores do que com todos os outros medicamentos que dispomos para tratar a artrite. Todos os esteróides têm muitos efeitos colaterais, às vezes piores do que a própria moléstia."

O Dr. Dow continua sua carta detalhando o tratamento bem-sucedido de um labrador dourado de nove anos, cuja artrite era tão grave que "o cão recusava-se a entrar e sair de um carro ou subir e descer escadas". Embora os donos estivessem prestes a sacrificar o cachorro, ele agora pula do chão para a carroceria de uma caminhonete e joga peteca. No caso desse animal, assim como dos outros tratados pelo Dr. Dow, "Não levou mais de três semanas para essa mudança drástica acontecer. (...) Também não houve efeitos colaterais indesejáveis".

Os estudos feitos com cães confirmam os resultados obtidos com seres humanos e eliminam a possibilidade de que o efeito seja mais psicológico do que fisiológico. Esses resultados indicam que a cartilagem de tubarão é um produto natural atóxico completamente seguro que pode aliviar a dor provocada pela artrite. A importância de um produto como esse deve ser enfatizada, em vista dos graves efeitos colaterais das medicações usadas correntemente no tratamento da artrite. (O único "efeito colateral" da cartilagem de tubarão é seu potencial de prevenção de enfermidades graves.)

Estudos no Panamá confirmam trabalho anterior

No Panamá, o Dr. Harry Xatrush também tem pesquisado os efeitos da cartilagem de tubarão no tratamento da artrite. Em uma experiência clínica, um homem com dores na coluna e nos músculos das costas e quadris começou a receber cápsulas de cartilagem de tubarão em setembro de 1990. Ele sofria com aquele quadro doloroso há cinco anos, e diferentes especialistas tinham feito diferentes diagnósticos, inclusive osteoartrite. Seus sintomas incluíam dor ao movimentar-se, severa rigidez pela manhã e cãibras nos músculos das costas.

A dosagem diária para esse quadro foi uma cápsula de cartilagem para cada cinco quilos de peso corporal. Após 18 dias, a rigidez matinal e as cãibras haviam sumido. Por volta da quinta semana, todos os sintomas tinham desaparecido.

Uma outra prova clínica envolveu um homem de 42 anos de idade com uma moléstia inflamatória crônica que fora diagnosticada em 1966 como artrite reumatóide. Desde então, o paciente fora tratado com uma grande variedade de medicamentos, inclusive analgésicos, salicilatos, antiinflamatório não-esteróide, sais de ouro, imunossupressores e corticóide. Essas medicações tinham produzido diversos efeitos colaterais "sem controlar a doença de modo satisfatório".

Em janeiro de 1991, quando o paciente começou a receber cápsulas de cartilagem de tubarão, ele era um inválido prostrado com dor intensa e deformidade nas grandes articulações. Seu tratamento consistiu em uma cápsula para cada cinco quilos de peso corporal durante 21 dias, e depois quatro cápsulas ao dia nos seguintes 21 dias. Após três semanas de tratarem o paciente, os pesquisadores notaram que a coluna vertebral dele ficara reta e a dor desaparecera completamente. O paciente diz agora: "Minha espinha endireitou; consigo movimentar braços e pernas sem dor; meu andar melhorou; estou mais ágil. Tenho vontade de trabalhar; não estou cansado e melhorei da constipação e da gastrite." Ele continua a tomar quatro cápsulas de cartilagem de tubarão junto com cinco miligramas de prednisona e sulindac em forma isolada de dois em dois dias.

Eliminando efeitos colaterais adversos

A cartilagem de tubarão não só é eficaz contra a artrite, ela também é bastante inerte e atóxica, por isso podendo ser usada, em geral, junto com outras terapias. O modo de ação da cartilagem — isto é, estimulação do sistema de imunidade e inibição de novas ramificações sanguíneas — não deve interferir com outras terapias, tanto faz a terapia escolhida ser drástica ou simples. O que é mais importante: a cartilagem de tubarão não tem nenhum dos efeitos colaterais adversos dos medicamentos usados mais comumente.

Estatísticas recentes têm mostrado que pessoas idosas, as vítimas mais freqüentes da artrite, têm maior probabilidade de sofrer complicações decorrentes dos medicamentos usados geralmente para os problemas de artrite. Em um estudo com população idosa atendida pelo Medicaid (seguro de saúde), os médicos descobriram que pessoas que usavam medicamentos antiinflamatórios não-esteróides (NSAIDs) receitados tinham *quatro vezes* mais probabilidades de morrer de úlcera péptica ou hemorragia gastrintestinal superior do que as que não os usavam.

Os NSAIDs — eiflunisal, profen, ibuprofen, indometacina, salicilato e tolmetin — são atualmente as medicações receitadas com mais freqüência para artríticos. Por isso, mesmo pequenos riscos podem ter grandes implicações de saúde pública. Nós sabemos agora que os riscos do uso de NSAIDs são tudo, menos pequenos.

É sabido há muito que a aspirina pode causar úlceras pépticas e tem a ver com as úlceras duodenais, mas o papel dos NSAIDs isentos de aspirina nas úlceras pépticas tem sido foco de controvérsia. Pesquisas atuais, entretanto, indicam uma associação causal entre NSAIDs e úlceras pépticas fatais, revelando que 29% das mortes podem ser atribuídas a essas drogas. Os NSAIDs elevam o risco de úlceras pépticas clinicamente graves, sobretudo nos idosos.

O mercado de NSAIDs movimenta dois bilhões de dólares no mundo inteiro, e mais de 70 milhões de receitas foram prescritas nos Estados Unidos apenas num único ano no final da década de 80. Os pacientes com artrite usam de 20 a 24 pílulas de NSAIDs ao dia, dia após dia. Embora os NSAIDs tenham sido considerados seguros, o Comitê Conselheiro em Artrite da FDA tem cobrado, desde 1988, uma nova rotulação para esses medicamentos, rotulação que advertiria os usuários quanto aos riscos de ulceração, sangramento e perfuração. Um perigo essencial para os usuários de NSAIDs é de o revestimento intestinal se ferir sem aparecimento de sintomas óbvios. Isto significa que podem sobrevir graves conseqüências sem sinais de advertência. De fato, pessoas têm desmaiado por excesso de perda de sangue sem terem percebido indícios do problema. Pacientes com distúrbios estomacais prévios ou doenças debilitantes, bem como os idosos, parecem estar mais expostos a essas complicações gástricas.

A cartilagem de tubarão é uma alternativa viável

Milhares de americanos morrem a cada ano de hemorragias relacionadas aos NSAIDs. Centenas de milhões de dólares são gastos em atendimento à saúde e perda de produtividade. Não surpreende que muitos médicos e pesquisadores estejam exigindo estudos mais aprofundados para determinar quais os medicamentos e/ou dosagens que seriam menos tóxicos. Um editorial na edição de 1º de setembro de 1988 dos *Annals of Internal Medicine* pede testes que determinem uma abordagem mais realista desta terapia tão difundida. O teste em si implicaria em custo considerável — custo que seria repassado ao consumidor — e precisaria de anos para ficar pronto. Talvez esse teste não seja necessário em vista da descoberta de que a cartilagem de tubarão é completamente segura e atóxica, além de efetiva.

A cartilagem de tubarão está disponível hoje como suplemento alimentar, e pesquisadores descobriram que ela age com sucesso, reduzindo a dor em aproximadamente 70% dos casos de osteoartrite e 60% dos casos de artrite reumatóide. Até hoje, a experiência sugere que a dor da artrite pode ser aliviada mediante o uso de um grama de cartilagem seca de tubarão por sete quilos de peso corporal (ou uma cápsula de 740-750 miligramas por cinco quilos de peso corporal) tomada diariamente por cerca de 21 dias. Pesquisadores comprovaram que esta dosagem é mais eficaz quando dividida em três doses iguais, tomadas 15 minutos antes das refeições. Em geral, os usuários experimentam alívio da dor em 16 a 18 dias com uso regular da cartilagem de tubarão. Se você não observar alívio da dor após 30 dias de uso contínuo e correto, é provável que a cartilagem não dê certo para seu organismo e para seu problema. Respostas positivas são facilmente reconhecíveis.

Assim que se nota alívio da dor, os pesquisadores diminuem o nível de dosagem para um grama por 20 quilos de peso corporal (ou uma cápsula de 740-750 miligramas por 15 quilos de peso). A dosagem de manutenção pode ser consumida de uma vez ou dividida em duas doses iguais, dependendo da preferência do usuário. É provável que a dor não seja eliminada de todo, mas será reduzida significativamente. Quando o uso de cartilagem de tubarão é interrompido por duas semanas, normalmente a dor volta ao mesmo nível de intensidade de antes de o tratamento começar.

A artrite não é a única doença dependente da angiogênese para a qual a cartilagem de tubarão pode ser uma terapia eficaz. Em diversos estudos com pacientes artríticos foram descobertos efeitos colaterais fortuitos. Pacientes que sofriam de eczema além de artrite notaram melhoria no estado da pele. Pesquisa posterior demonstrou que a cartilagem de tubarão de fato é efetiva contra doenças da pele como psoríase, dermatites causadas por carvalho e hera venenosos, e acne.

PSORÍASE E OUTRAS MOLÉSTIAS DA PELE

A psoríase afeta milhões de pessoas, mais comumente e com mais persistência no couro cabeludo, cotovelos e joelhos, mas também no corpo inteiro. Ela se caracteriza por crescimento e descamação excessiva da camada exterior da pele. A doença pode depender do crescimento anormal dos capilares na pele, resultando em aumentos incomuns da espessura da pele acima do leito capilar. O tratamento da psoríase envolve geralmente cremes e ungüentos de corticosteróides, preparados de alcatrão de hulha e luz ultravioleta. Em casos extremos, usa-se metrotexato — droga que pode danificar o fígado. A resposta a essas terapias é errática e na maioria dos casos deve ser considerada deficiente. Resultados muito superiores obteve o Dr. Prudden, segundo seu informe científico na edição do verão de 74 de *Seminars in Arthritis and Rheumatism*, que incluía um comentário a respeito do tratamento bem-sucedido de 39 pacientes.

O Dr. Prudden descobriu o potencial da cartilagem como terapia da psoríase por acaso, quando tratava de uma ulceração que não sarava na perna de um homem que também tinha psoríase. O Dr. Prudden vinha usando há muito tempo preparados de cartilagem para acelerar a cura de ferimentos; tendo em mente esse propósito, ele aplicou uma preparação de pó de cartilagem sobre a úlcera limpa. A perna foi envolvida com um curativo e depois enfaixada. Quando tiraram a atadura três dias depois, a ulceração — que evoluiu até sarar completamente — melhorara como era previsto. Além disso, a psoríase melhorara significativamente. Segundo o Dr. Prudden, a atadura fechara a área, retendo a cartilagem, que depois se espalhou graças à secreção que saía da úlcera.

Para confirmar seu achado referente aos efeitos da cartilagem na psoríase, o Dr. Prudden administrou injeções de Catrix-S, um produto de cartilagem preparado especialmente para administração subcutânea, a 39 pessoas que tinham psoríase em até 70% da superfície de seus corpos. Desses casos, 19 tiveram remissão total; as lesões desapareceram durante no mínimo seis semanas e até por mais de ano. A extensão média da remissão — caracterizada por descamação bastante rápida — foi de aproximadamente cinco meses. A pele ficou suave, mas o leito capilar dilatado continuou sem diminuir. Com tratamento continuado, esta rede capilar "se fechou" e a pele voltou ao normal.

Dos 16 pacientes que não experimentaram completa remissão em dois meses, 15 ainda obtiveram bons resultados; apenas um teve resultados insatisfatórios. O Dr. Prudden atribuiu essa variação à psicologia dos pacientes psoriáticos. Pacientes com psoríase costumam ser bastante pessimistas quanto à possibilidade de cura. Aqueles que concordam em submeter-se a terapias experimentais, provavelmente sofreram demais e já tentaram muitos tratamentos malsucedidos. O fato de concordarem, contudo, indica que eles acalentam uma forte esperança de que a cura é possível. Esta combinação do que Prudden chama de "fé mística e profundo ceticismo" é que torna difícil garantir tratamento constante e continuado.

Além disso, dos 16 pacientes que não tiveram remissão com a série de injeções, 11 conseguiram completa remissão após tratamentos adicionais com injeções de reforço de 50cc de Catrix-S de três em três semanas, e aplicação tópica de ungüento de Catrix a 5%. O ungüento, aplicado duas vezes ao dia após o banho, ou três vezes ao dia se convier ao paciente, não precisa ser coberto por atadura. Quando as lesões eram em relevo, secas e calosas, uma preparação de cartilagem com 0,1% de alcatrão de hulha USP (preparado segundo o especificado na farmacopéia dos Estados Unidos), levou a uma descamação mais rápida. Quando as lesões ficavam brandas e vermelhas, aplicava-se um ungüento sem alcatrão de hulha. Com este método de terapia, geralmente não havia necessidade de injeções de reforço. Mesmo neste grupo mais difícil, as remissões duraram entre 10 e 14 meses antes de ser preciso repetir a terapia.

Quanto aos casos restantes, o Dr. Prudden escreve em seu artigo científico: "Em virtude da crescente confiança na eficácia dos preparados tópicos de Catrix, que resulta dos ajustes na formulação (...) e de que não nos tínhamos apercebido de que a dose parenteral (dose injetável) deve ser aumentada para no mínimo 1.500cc se não houver resposta satisfatória com doses menores (...) estamos confiantes em poder produzir remissões também nesses indivíduos."

No mesmo artigo, o Dr. Prudden refere que alguns pacientes também foram tratados com sucesso de dermatites por carvalho venenoso e hera venenosa. O primeiro paciente a ser tratado foi uma mulher de 41 anos que tinha ido colher "belas folhas vermelhas". Ela arranjou mais do esperava, desenvolvendo um caso grave de envenenamento por carvalho que se espalhou por todos os lados, nas mãos, nos braços, nas pernas e no rosto. Coceira "de enlouquecer", edema (presença de grandes quantidades de líquido nos espaços intercelulares dos tecidos) e pele descascando, combinado com inchaço que aumentou uma vez e meia o tamanho do rosto e dos braços da mulher. Apesar da aplicação de vários cremes receitados, a coceira atrapalhava o sono da mulher. Ao coçar-se sem parar, ela começava a causar infecções secundárias. Tratada com creme Catrix a 5%, a mulher teve alívio em cinco minutos. Com duas semanas, a pele dela voltou ao normal.

O Dr. Prudden também relatou o tratamento de mais seis casos graves causados por hera venenosa, nos quais as lesões acabaram em coisa de uma semana. A coceira era controlada por períodos cada vez maiores sempre que aplicada a preparação de cartilagem. Mais uma vez, os corticosteróides tópicos não tinham trazido alívio algum.

Finalmente, em outros dois estudos, foi pesquisado o potencial dos preparados de cartilagem na prevenção de reação alérgica. Em um dos estudos, um voluntário teve um antebraço coberto com o creme Catrix, enquanto o outro antebraço era untado só com o creme-base. Em seguida o voluntário atravessou uma moita de hera venenosa. O braço tratado não apresentava reação, mas o outro mostrava típicas reações alérgicas.

Entre outros problemas da "pele" tratados com sucesso com o preparado de cartilagem, temos a acne, a alveolite mandibular ("alvéolo seco"), moléstia da gengiva, extremamente dolorosa, que às vezes acontece depois de extrações de dentes, e prurido anal, intensa coceira crônica na área anal. Além do mais, o uso de supositórios preparados à base de cartilagem bovina teve sucesso no tratamento de hemorróidas.

Ainda que a maioria dos relatórios sobre psoríase e outros problemas da pele se baseie em trabalho feito com preparações de cartilagem bovina, é bom lembrar que *a pesquisa do MIT achou a cartilagem de tubarão mil vezes mais efetiva que a cartilagem bovina como inibidor da angiogênese* (ver página 64). Por outro lado, respostas muito semelhantes têm sido observadas em pessoas que usaram cartilagem de tubarão para reduzir inflamações. Logo, a conclusão lógica é que os resultados divulgados para cartilagem bovina podem ser duplicados com a cartilagem de tubarão. De fato, o Dr. Jergen Oberle, médico de Dusseldorf, Alemanha, relatou em maio de 1992 os casos de três pacientes com psoríase avançada tratados com cartilagem de tubarão oral e aplicada como ungüento tópico a 10%. Todos os três pacientes reagiram favoravelmente após quatro a seis semanas de tratamento. A cartilagem de tubarão também contém mais fator inibidor da angiogênese do que a cartilagem bovina, de modo que seus usuários podem ter como benefício adicional a prevenção de outras doenças graves.

Mais recentemente, o Dr. J. J. Hernandez-Pombo, um médico radicado na Flórida, usou cartilagem de tubarão em um de seus pacientes. A mulher sofrera de psoríase por 25 anos e conseguia pouco alívio com tratamentos convencionais, tais como cortisona e alcatrão de hulha. O Dr. Pombo administrou 15 gramas de cartilagem de tubarão por dia, e apenas oito dias depois o quadro da mulher melhorara em 50%.

A experiência é limitada, mas já indica que o nível de dosagem efetivo para psoríase é de 15 a 25 gramas ao dia, dependendo do peso corporal. Leve em conta que com este tratamento a coceira e as escamas serão os primeiros sintomas a desaparecer. Sem as escamas, a vermelhidão da pele parecerá intensificar-se porque o abundante leito de vasos capilares ficará mais aparente. Este leito capilar também desaparecerá lentamente, num período de 60 a 90 dias.

ENTERITE

O Dr. Prudden também tem usado com sucesso a cartilagem para tratar a enterite local, uma inflamação da superfície interna dos intestinos. Embora os pacientes não tivessem recuperado a saúde completamente na época em que o Dr. Prudden escreveu seu relatório científico para a edição do verão de 1974 dos *Seminars in Arthritis and Rheumatism*, eles estavam ganhando peso, força e otimismo. Além disso, num estudo feito em 1991 no sul da Califórnia, na Comprehensive Medical Clinic, dois pacientes com enterite candídia reagiram rapidamente à cartilagem de tubarão, administrada por via oral à razão de nove gramas por dia.

A administração de cartilagem de tubarão tem produzido muito boa resposta com todo tipo de inflamação intestinal. Um médico da Costa Oeste me disse uma vez que aconselhava muitos pacientes seus com inflamação intestinal a usarem cartilagem de tubarão como suplemento alimentar. O médico havia tratado esses pacientes com sulfato condroitin, um mucopolissacarídeo, mas só obtivera sucesso em metade dos casos, aproximadamente. O sulfato condroitin é barato, mas o médico achou que não dava certo em casos difíceis. Quando passou a administrar cartilagem de tubarão, o médico viu melhora em 80 a 90% dos casos mais difíceis.

Segundo o médico, a dosagem que produz esses bons resultados é um grama para cada sete quilos de peso corporal, tomado diariamente até o quadro melhorar. A melhora acontecia geralmente em menos de 30 dias. A dosagem era dividida sempre em três partes iguais, cada uma tomada cerca de 15 minutos antes das refeições.

CEGUEIRA

Embora eu esteja neste exato momento reunindo pessoas para empreender um estudo formal sobre os efeitos da cartilagem de tubarão na cegueira, muitos pesquisadores acham que os resultados já são previsíveis. Isto porque muitos tipos de cegueira são causados por angiogênese. Retinopatia diabética, degeneração macular e oclusão venosa no sistema circulatório retiniano são apenas alguns distúrbios oculares caracterizados pelo crescimento de novos vasos sanguíneos na retina. Ao que parece, sob condições normais, mecanismos rígidos operam para evitar o crescimento de vasos microscópicos. No início da doença, de alguma maneira esses mecanismos são ultrapassados, dando lugar à neovascularização.

Nos diabéticos, por exemplo, os pequenos vasos sanguíneos que percorrem a retina se dilatam e desenvolvem pequenas rupturas. Estas deixam resíduos que geralmente obstruem a visão. Começam a formar-se então novos vasos, que se estendem por toda a área lesionada do olho, e também interferem com a visão. Isto, chamado retinopatia diabética, é atualmente uma das causas mais comuns de cegueira.

Degeneração macular

Entre os americanos adultos com idade acima dos 65 anos, a degeneração macular relacionada à idade é a causa mais comum de cegueira irreversível. Degeneração macular é a deterioração da mácula lútea, área da retina próxima ao nervo ótico que é essencial para a visão nítida. Em um tipo de degeneração macular — exsudativa ou úmida —, a degeneração começa com uma proliferação de vasos sanguíneos que vazam sob a parte central da retina, danificando e deixando cicatrizes que acabam ocasionando cegueira. Ninguém sabe por que os vasos sanguíneos começam a proliferar. Sabe-se, porém, que a detecção e remoção precoce das veias com vazamento é crucial. As células maculares, detectoras de luz, não podem recuperar-se depois que o sangue vazado causou o dano.

Atualmente, em casos de degeneração macular exsudativa, usa-se raio *laser* para cauterizar os novos vasos sanguíneos ainda na fase inicial da doença, evitando assim que a arquitetura retiniana seja dilacerada. Esse tratamento, no entanto, só é efetivo em cerca de 25% dos casos. A dificuldade consiste em mirar o feixe do *laser* com bastante precisão de modo a destruir somente os vasos anormais. Mesmo se cada "tiro" acertar o alvo, o "tento" ainda destrói uma porção da retina, prejudicando a visão. O procedimento também é muito caro e deve ser repetido freqüentemente, pois novos vasos continuam a aparecer. O uso de um produto atóxico barato e seguro como a cartilagem de tubarão certamente seria preferível.

Embora não tenhamos dados até hoje, os pesquisadores acreditam que a mesma dosagem que funciona com a psoríase impediria distúrbios do olho, tais como degeneração macular exsudativa, retinopatia diabética e glaucoma neovascular (aumento da pressão no olho causada por angiogênese). Isto é, um grama de cartilagem de tubarão para cada sete quilos de peso corporal agiria profilaticamente, eliminando os vasos antes deles se desenvolverem.

UMA CONSIDERAÇÃO IMPORTANTE

É importante lembrar que por mais seguro que um produto seja, às vezes ele não deve ser usado. Uma pessoa que sofreu ataque do coração recentemente, por exemplo, precisa reconstruir vasos sanguíneos. Tal pessoa não deveria usar um inibidor da angiogênese, pelo menos por três meses, ou conforme a indicação do médico. (A angiogênese no processo de cura ficaria completa provavelmente em 30 dias, tempo considerado normal para o reparo natural do corpo.) Uma mulher grávida, que está conformando uma rede sanguínea para alimentar o embrião em desenvolvimento, não deveria usar cartilagem de tubarão. Mulheres que tentam engravidar também não deveriam tomar cartilagem de tubarão, pois ela pode interferir na vascularização durante o ciclo menstrual. Também pessoas que passaram recentemente por cirurgia profunda, e que portanto precisam de novos vasos sanguíneos para apressar a cura, não deveriam usar cartilagem de tubarão, nem pessoas envolvidas em programas de exercício físico para desenvolver a musculatura. Uma vez que os vasos sanguíneos das crianças ainda estão se desenvolvendo, o uso de inibidores de angiogênese na infância deve ser ponderado cuidadosamente.

Tem sido provado que as células dos vasos sanguíneos têm vida muito longa; elas raramente são substituídas. Só doenças que demandam uma nova rede sanguínea provocam neovascularização. Isto significa que ao se recusar nutrição à nova rede, espera-se impedir a doença de se desenvolver. Contudo, os efeitos colaterais da prolongada inibição do crescimento dos capilares em adultos sadios são desconhecidos. Parece que entre os poucos efeitos colaterais detectáveis de terapias com duração de oito semanas, ou mais, estão a demora na cura de ferimentos e a contracepção.

COMUNIDADE CIENTÍFICA ELOGIA A ANTIANGIOGÊNESE

Todas as pesquisas comentadas neste livro sugerem que o desenvolvimento de inibidores da angiogênese pode resolver muitos dos problemas de saúde mais prementes da atualidade. E este livro não está sozinho nessa crença. Vejam só a seguinte manchete, da edição junho de 1981 da revista *Science*:

> **INIBIDORES DE ANGIOGÊNESE VINCULAM MUITAS DOENÇAS**
>
> Um novo tipo de compostos que bloqueiam a proliferação de vasos sanguíneos pode providenciar terapia para doenças tão diversas como câncer e retinopatia diabética

Esse mesmo artigo, de Thomas H. Maugh III, informa que "A inibição da angiogênese é presentemente um fenômeno bem-documentado e bastante comum". Porém, desde que o artigo foi publicado, nenhum inibidor da angiogênese, exceto a cartilagem de tubarão, foi colocado à disposição do mercado. Maugh salienta que "a purificação e caracterização dos inibidores, de fato, tem sido o principal empecilho aos estudos sobre angiogênese".

Será que Nero está tocando rabeca enquanto Roma arde? Será que pessoas morrem, sofrem dor ou deformidade dos membros ou ficam cegas enquanto pesquisadores tentam purificar os inibidores encontrados na cartilagem de tubarão? A evidência aqui apresentada indica que a cartilagem de tubarão — substância de origem natural que não precisa de purificação — já pode, como Maugh diz, "providenciar terapia para doenças tão diversas como câncer e retinopatia diabética".

Conclusão

Não é a doença, é a recusa de remédio o que geralmente destrói a vida.

Do latim

À medida que se torna cada vez mais evidente que a terapia com cartilagem de tubarão pode ser usada para tratar um grande número de doenças, estou me dando conta de que isto pode parecer como que um desastre ecológico ameaçando os tubarões. Há algum receio de que o uso de cartilagem de tubarão possa pôr em risco a sobrevivência do tubarão. Lembremos, porém, que *tubarões estão sendo mortos neste instante.*

A cada ano, um número estimado em cinco a sete milhões de tubarões são capturados, mortos, "desbarbatanizados" e jogados de novo às águas. Esta prática tem crescido moderadamente nos últimos 15 anos, pelo menos.

A frota atuneira é responsável por boa parte dessa "pesca de nadadeiras". Após a retirada das nadadeiras, os pescadores de atum jogam fora cerca de 90% dos tubarões que eles matam. É um terrível desperdício de carne nutritiva e de cartilagem, dois recursos muitíssimo valiosos.

Consideremos, também, que quando os tubarões são vistos como incômodo para os pescadores ou ameaça às suas vidas, em vez de uma vantagem para o meio de vida deles, o resultado é, com freqüência, o massacre dos tubarões. De acordo com Jack Casey, o cientista marinho que, segundo boatos, teria inspirado o personagem de Matt Hooper em *Tubarão*, "Trinta anos atrás as pessoas matavam tubarões porque pensavam que cada tubarão morto significava mais peixe disponível para pesca no mar".

Certamente, é necessário evitar a pesca excessiva; o tubarão é uma criatura de crescimento lento que precisa de tempo suficiente para amadurecer e procriar. Os seres humanos — quase que os únicos predadores naturais do tubarão — devem usar a inteligência para preservar este animal. Nós temos capacidade e responsabilidade de fazer isso. Mas o realmente necessário é utilizarmos melhor o tubarão como recurso valioso.

Thomas H. Lineaweaver III e Richard H. Backus, autores de *The Natural History of Sharks*, procuram atenuar os temores em relação à pesca excessiva escrevendo o seguinte: "A pesca marinha ainda está para ameaçar uma espécie de peixe marinho com a extinção. A situação pode dar-se quando um determinado estoque de peixes fica tão depauperado que a exploração torna-se não lucrativa. Mas esse ponto é alcançado antes de a população de peixes ficar tão depauperada que não possa renovar-se cedo ou tarde. Com isto não estamos defendendo a pesca desenfreada, estamos dizendo é que, a longo prazo, a atividade pesqueira sofre mais com a pesca excessiva, dada sua atual eficiência, do que o próprio peixe."

Embora os tubarões perambulem extensamente, muitos deles são na verdade ligados a um território, ou seja, a pesca intensa em qualquer área pode esgotar a população local. A população do mundo inteiro encontra-se em estado aceitável, especialmente a população do oceano Índico, que é ligeiramente mais quente do que os outros oceanos, e a faixa em torno do Equador. Essas duas áreas são o lar da maioria dos tubarões do mundo. O estabelecimento de regras visando preservar populações locais de tubarões é importante, mas a verdadeira chave da sobrevivência do tubarão é o maior aproveitamento do animal, em vez da matança a esmo só pelas nadadeiras, especialmente se o potencial da cartilagem de tubarão como produto de saúde se desenvolver, como é lógico que aconteça.

A PROMESSA DA CARTILAGEM DE TUBARÃO

A promessa de uma cura para o câncer já estourou sobre nós antes — como fogos de artifício no céu noturno. Radioterapia, laetrilo e interferon foram promessas que não se cumpriram. Será que a cartilagem de tubarão se somará a elas nos anais da medicina? A evidência parece dizer o contrário.

A cartilagem de tubarão já está sendo usada rotineiramente em enxertos de pele para vítimas de queimadura (ver página 53); ela é particularmente útil nessa área porque não é rejeitada pelo corpo humano. E nos últimos 20 anos não tem havido reação mais impressionante em casos de pacientes com câncer em fase terminal do que a alcançada com a cartilagem de tubarão. Nada chega perto dela. No entanto, na medicina convencional, qualquer coisa que apresente resultado positivo de três ou quatro por cento é rotulada de "avanço". Infelizmente, nos medicamentos que têm proporcionado essa taxa de resposta o nível de toxicidade também pode matar o paciente. Mas esses são os medicamentos que dão "boa divulgação", enquanto a cartilagem de tubarão continua a ser um "segredo".

Embora a angiogênese e seus efeitos nos tumores sejam bem conhecidos há mais de 20 anos, só um punhado de médicos de terapias alternativas e complementares usam hoje a cartilagem de tubarão no tratamento de pacientes com câncer. (Os nomes dos médicos que usam terapia de cartilagem de tubarão podem ser encontrados em *Third Opinion*, de John M. Fink, relacionado na bibliografia no final deste livro.) Apesar de seus efeitos colaterais prejudiciais, cirurgia, quimioterapia e radiação ainda são os tratamentos mais comumente usados. (Ver "Importação de medicamentos não-aprovados para uso pessoal", na página 156.) E enquanto grandes quantidades de pessoas morrem e outras muitas sofrem os efeitos de terapias tradicionais, os cientistas continuam a crer que a identificação, purificação e síntese da(s) proteína(s) responsável(véis) pela antiangiogênese é o único caminho a seguir. Nada mais distante da verdade.

Importação de medicamentos não-aprovados para uso pessoal

Por muitos anos a FDA tem permitido que autoridades locais exerçam critérios pessoais quando determinam se permitem ou não a entrada, só para uso pessoal, de medicamentos vendidos no exterior mas não aprovados nos Estados Unidos. Quando a autorização é concedida, o solicitante pode importar apenas a quantidade de medicamento suficiente para três meses de uso pessoal. Diversos medicamentos não-aprovados que alguns consideram de efeito terapêutico para AIDS ou condições ligadas à AIDS, têm tido permitido assim o ingresso no país.

As pessoas geralmente trazem esses produtos na bagagem quando retornam do exterior. Tais medicamentos também podem ser importados pelos correios. A política da FDA para importações postais a partir de 11 de dezembro de 1989 é que, não havendo evidência de risco, fraude ou promoção injustificável, pode-se aplicar um critério permissivo e o produto ser despachado pelo correio desde que:

- *O produto tenha sido adquirido para uso pessoal.*

- *O produto não vise a distribuição comercial, e a quantidade não seja excessiva (isto é, só o bastante para até três meses de uso).*

- *O uso a que se destina o produto seja corretamente identificado.*

- *O paciente que procura importar o produto declare por escrito que ele é para seu próprio uso e informe nome e endereço do médico habilitado nos Estados Unidos responsável pela orientação do tratamento com o produto.*

> *Se o produto importado é considerado fraudulento ou perigoso, ou se é difundido para uso nos Estados Unidos apesar da falta de aprovação, a FDA emite "alertas de importação". Até 27 de julho de 1988, 40 alertas de importação restringiam a entrada de produtos médicos considerados fraudulentos ou inseguros. Entre eles, laetrilo, agentes de Terapia Imunoaumentativa e produtos patrocinados pelo Dr. Hans Nieper, da Alemanha Ocidental. Em 27 de janeiro de 1992, a FDA emitiu o Alerta de Importação nº 66-57: "Embargo automático de medicamentos de prescrição não-aprovados de fabricação estrangeira destinados a indivíduos nos Estados Unidos." Este alerta lista algumas firmas que têm produtos sujeitos a embargo automático em razão de atividades promocionais.*
>
> *Pode-se obter informação mais recente a respeito da política da FDA para medicamentos importados junto às delegacias locais da FDA ou escrevendo para:*
>
> *United States Department of Health*
> *and Human Services*
> *Public Health Service*
> *Food and Drug Administration (HFI-35)*
> *5600 Fishers Lane*
> *Rockville, MD 20857*

As proteínas são desnaturadas facilmente pelo calor, por diversas substâncias químicas e outros processos de fabricação. Talvez possamos explicar melhor o problema valendo-nos do ovo comum. A clara do ovo, a proteína albumina, é solúvel em água até ser aquecida. O calor a faz coagular. Quando ela coagula, muda de incolor para branco, de líquida para sólida, de solúvel em água para insolúvel em água. A proteína do ovo ainda é a mesma proteína, mas foi modificada consideravelmente. Sua análise química continua igual, mas sua atividade biológica e aparência são completamente diferentes.

Mudança de atividade e aparência nada mais são senão parte do problema envolvido no processo de síntese. O fato é que o isolamento tira a proteína do seu ambiente. No caso da cartilagem de tubarão, isolar a proteína inibidora da angiogênese significaria separá-la do mucopolissacarídeo que tem o efeito antiinflamatório. Será que a substância resultante teria a mesma efetividade? E será que é possível separar qualquer das várias proteínas responsáveis pela inibição da angiogênese das outras sem modificar sua eficácia? (Nós sabemos que pelo menos três proteínas respondem pelo efeito de antiangiogênese.) Quanto tempo vai levar para esclarecer isso? Mais 20 anos? Quantas pessoas vão desenvolver doenças degenerativas enquanto a pesquisa prossegue? Quantas vão morrer, enquanto um produto não-químico, natural, sadio, poderia estar salvando vidas?

PRESSIONANDO O GRANDE NEGÓCIO

Mudar o *status quo* é difícil, se não impossível, até com o melhor produto ou procedimento. Em muitas histórias de controle de doenças, a "solução do mistério" abala crenças estabelecidas e deixa muita gente de fora do negócio. A Vacina Salk é um exemplo perfeito (ver página 109).

A reação da medicina ortodoxa em relação ao uso da cartilagem de tubarão às vezes me traz à mente figuras de cientistas do passado — homens como Galileu, Pasteur e Lister, que foram escarnecidos, condenados ao ostracismo ou excomungados quando suas pesquisas romperam com a sabedoria aceita da época. Mais recente, porém não menos notável, é o caso de Dr. Henry Heimlich, o homem que desenvolveu a manobra Heimlich, que já salvou as vidas de mais de 35 mil americanos engasgados. Este procedimento — incrivelmente bom e simples — fora, segundo o Dr. Heimlich, ridicularizado e omitido por 10 anos pela Cruz Vermelha americana porque era novo, incomum, diferente e não-tradicional. Se a manobra Heimlich defrontou-se com tamanha posição tendo apenas que lidar com a Cruz Vermelha, imaginem só a oposição com que se defrontam suplementos alimentares e medicações complementares quando têm que enfrentar as indústrias da saúde e farmacêutica, bem organizadas, muito bem financiadas e bem motivadas.

Todos nós estamos profundamente cientes de como os custos da assistência à saúde têm disparado vertiginosamente. Isto "dói no bolso" de todos, mas não é só isso. É um sinal de que a assistência à saúde é hoje a indústria que cresce mais rápido e a *mais lucrativa* nos Estados Unidos. Vidas de pessoas se perdem às vezes porque elas não podem arcar com tratamento decente, mas a indústria da saúde continua a embolsar montanhas de dinheiro, que nós continuamos a pagar.

Segundo estimativas, 700 bilhões de dólares são gastos anualmente nos Estados Unidos só com produtos farmacêuticos, médicos, hospitais, clínicas, terapia, alimentos para a saúde e serviços auxiliares como ambulâncias e transporte de inválidos. Imaginem só os grupos de pressão que ficam envolvidos quando é apresentado um artigo de custo relativamente baixo visando prevenir algumas das principais doenças da humanidade. Pensem no dinheiro que essas doenças representam!

A perda de receita — direta ou através da pressão por parte da indústria farmacêutica — pode ser uma das razões para as repartições governamentais se colocarem contra a realização de pesquisas sobre produtos naturais como a cartilagem de tubarão, ou seu financiamento. O Instituto Nacional do Câncer gasta mais de um bilhão de dólares por ano nas suas próprias instalações e em pesquisa externa em universidades e outros centros — mais de um bilhão de dólares que saem *dos nossos impostos*. Mas esta organização tem se recusado permanentemente a financiar pesquisa ou a pesquisar produtos naturais, salvo em insignificantes volumes.

Fico entristecido de ver tantos "bons" cientistas que parecem mais interessados no dinheiro e na aprovação dos pares do que em fazer o bem para o homem comum. O homem comum é, afinal, quem paga a conta das pesquisas com os dólares de seu imposto. Claro, estou simplificando as coisas um pouco demais. Pesquisadores precisam ganhar a vida, como todos precisamos, e muitos deles aprenderam — às vezes com a dura experiência — que o único jeito de sair-se bem é "respeitar as regras do jogo". Eles sabem que não arranjarão verbas nem empregos — e conseqüentemente não conseguirão fazer pesquisa alguma — a menos que sigam pelas vias aceitas para a pesquisa. E o que é mesmo uma "via aceita de pesquisa"? Purificação, isolamento e síntese.

Uma edição de 1984 da *Scientific American* revela como é "natural" para os cientistas pensar nesses termos "químicos". No artigo "Cartilagem", o Dr. Arnold Caplan escreve: "A substância (um inibidor da angiogênese) merece ser descoberta, nem que seja porque o crescimento de um tumor demanda rico fornecimento de sangue. Talvez um fator derivado da cartilagem, aplicado a um tumor em crescimento, poderia estrangular seu fornecimento de sangue e assim provocar sua morte. Em todo caso, a busca pela substância exemplifica a atividade em várias universidades e empresas. Os programas nessas instituições se orientam no sentido de isolar e purificar a partir da cartilagem adulta diversas substâncias que talvez se mostrem capazes de afetar muitos aspectos do crescimento, do desenvolvimento e da doença."

Por que tanto esforço visando "isolar e purificar" uma substância *a partir* da cartilagem? Por que pesquisadores e médicos não estão utilizando cartilagem de tubarão seca, integral e natural? A resposta provavelmente combina visão estreita e intenção de lucrar.

Visto que a FDA não aprova produtos naturais, organizações como a NIH relutam em financiar pesquisas de tais produtos. Isto automaticamente exclui a pesquisa de produtos não processados e que não estão em forma quimicamente pura. Essa "quimicalização" com freqüência abre as portas para a toxicidade, efeitos colaterais e preço alto para os consumidores. Alguém tem de pagar para arranjar a aprovação da FDA, processo que pode demorar até 20 anos e custa aproximadamente 231 milhões de dólares, segundo determinou estudo recente da Universidade Tufts.

O perigo é que os cientistas ortodoxos continuem a procurar uma síntese em vez de experimentar o potencial da cartilagem de tubarão integral, perigo que poderia resultar em perda de vidas — mais de meio milhão de pessoas morre de câncer a cada ano nos Estados Unidos! Devemos atentar para esse perigo para evitar que vire realidade. Uma cura do câncer pode desempregar um monte de gente — profissionais da área de saúde, pesquisadores, burocratas do governo. Será que tem gente que vai barrar uma cura ou vai deixá-la balançando na frente do público em vez de torná-la disponível para salvar vidas? Seria por acaso o pessoal da indústria farmacêutica quem barraria um produto natural, para garantir para o produto sintetizado o monopólio do mercado? Basta pensar nos alimentos para bebês — não é muito mais comum seu uso do que o uso de leite materno, um produto integral e natural, se é que existe algum? Os fabricantes de alimentos formulados empurram seu uso até em países do Terceiro Mundo, onde as mulheres mal podem dispor de dinheiro. Essas são perguntas que devemos nos fazer, porque só nossa percepção pode proteger-nos. (Ver "O papel do consumidor na FDA", na página 162.)

FORÇA EM NÚMEROS

Percepção é só metade do quadro, a outra metade é unidade. Se nos afastarmos para observar a situação, poderemos ver que quando indivíduos se unem, conseguem influir. Vejam o caso da AIDS.

Conforme o número de casos de AIDS fatais aumentava, numerosíssimos irmãos e irmãs, pais e mães, maridos e esposas contristados foram deixados sem nada além do sofrimento e da perda. O governo ficava lhes dizendo: "Vamos nos ocupar disso quando nos ocuparmos. Esses são os procedimentos, as regras que devemos obedecer." Que resposta desumana para pessoas que estão sofrendo!

E os funcionários do governo sabiam que a incidência da AIDS estava aumentando. Números crescentes de pessoas iam sofrer.

Então o pessoal da AIDS — os doentes, seus amigos e parentes inconsolados — se uniu. Formaram grupos que disseram: "Isso é loucura! Como é que pode uma turminha de burocratas — burocratas insensíveis — vir nos dizer — a nós que pagamos a conta — que não dá para se fazer nada? Em outros países, a busca por um tratamento contra a AIDS é considerada *alta* prioridade."

O papel do consumidor na FDA

A palavra "complacente" às vezes parece sinônimo de "consumidor". Talvez porque os consumidores muitas vezes se sintam impotentes, eles tendem a aceitar o que lhes é dado. Em se tratando da FDA, porém, os consumidores têm poder mesmo.

É "desejo expresso da FDA" que os consumidores manifestem necessidades, opiniões e desejos para que possam ser considerados quando regras, políticas e programas são postos em operação. Para o consumidor participar plenamente, a FDA divulga suas propostas de regulamentação e realiza reuniões públicas para discutir essas propostas. Antes que a FDA possa instituir, emendar ou revogar qualquer regra ou regulamentação, ela deve — por lei — publicar as suas intenções no Registro Federal *(diário oficial), que geralmente está à disposição do público nas bibliotecas públicas e escritórios locais do Congresso dos Estados Unidos. A seção informativa do* Registro Federal *inclui informação sobre audiências, investigações e reuniões de comissões. Ele também noticia propósitos, que declaram a intenção da FDA de desenvolver uma proposta de mudança de uma regulamentação existente ou baixar uma nova regulamentação, e abre a questão à discussão pública. Encontros públicos ou instruções que explicarão questões significativas também são agendados. No entanto, eventualmente surgem impedimentos legais que proíbem comentários do público em geral, por exemplo, durante a audiência que precede a uma junta pública de investigação, quando apenas evidências registradas podem ser apresentadas.*

Além do mais, qualquer indivíduo, grupo de consumidores ou grupo industrial pode fazer requerimento ao diretor da FDA no sentido de "iniciar, mudar ou revogar uma regulamentação". O solicitante deve escrever para o diretor, expondo o problema e propondo ação específica.

Para manter-se atualizado, o consumidor deve dar uma olhada periodicamente no Registro Federal, *ou assinar a* FDA Consumer, *revista oficial do órgão. A assinatura de ambas as publicações pode ser providenciada junto ao superintendente de Documentos, Washington, DC 20402, ou reler exemplares nos escritórios locais da FDA.*

Consumidores que se envolvem mesmo podem mudar as coisas. Nos últimos anos, ativistas da AIDS têm pressionado a FDA no sentido de mudar suas políticas e permitir a distribuição rápida de quaisquer drogas que possam ser eficazes contra a AIDS e prolongar vidas. Em março de 1987, esses ativistas conseguiram a aprovação da FDA para o AZT usado no tratamento da AIDS. O AZT (zidovudina, antes chamada azidotimidina) atravessou depressa os processos de teste da FDA, no tempo recorde de pouco mais de dois anos. Normalmente a FDA exige estudos com animais de um a dois anos, seguidos de experiências clínicas que podem tomar entre dois e 10 anos para serem concluídas. Então a FDA revisa a evidência que resulta das experiências, por mais dois meses a sete anos. Ao todo, uma nova droga precisa de quatro a 20 anos para entrar no mercado.

Os protestos dos pacientes com AIDS, exigindo acesso a drogas experimentais, também ajudaram a convencer o presidente George Bush a constituir uma comissão para examinar possíveis mudanças nos procedimentos da FDA. Em reunião pública realizada em fevereiro de 1989, a comissão ponderou de que maneira os pesquisadores da área federal e os órgãos reguladores poderiam pôr rapidamente drogas experimentais ao alcance de pacientes terminais de AIDS e câncer, garantindo ao mesmo tempo a segurança e efetividade da droga. O diretor do encontro, Dr. Louis Lasagna, então decano da Escola Médica de Tufts, disse: "Hoje o público tende a preferir um ponto de vista mais respeitoso do livre-arbítrio. Ele está dizendo: 'Não quero que o Grande Papai julgue no meu lugar' (...) O paciente é que deve ser o juiz, não a FDA."

O Dr. Lasagna e a Comissão Nacional de Revisão dos Atuais Procedimentos para Aprovação de Novas Drogas contra o Câncer e a

> *AIDS entregou seu parecer final em 15 de agosto de 1990. Constava dele um resumo com oito pontos do relatório de 26 páginas. Entre esses pontos estavam os seguintes:*
>
> > II. *A necessidade de drogas novas e melhores contra o câncer e a AIDS. Deve ser adotada uma política nacional visando fomentar o desenvolvimento de novas drogas contra a AIDS e contra o câncer, indo ao encontro das necessidades de todos os pacientes que padecem essas doenças (...)*
> >
> > III. *Aprovação expeditiva de novas drogas importantes. A FDA deve continuar a exercer sua flexibilidade estatutária e administrativa no sentido de aprovar a comercialização de drogas contra a AIDS e contra o câncer na fase mais precoce possível de seu desenvolvimento (...)*
> >
> > XVI. *IND (novas drogas pesquisadas) de acesso ampliado (via paralela). Quando há certeza de que estão em andamento experiências clínicas adequadas e que os pacientes não estarão expostos a perigos, eles devem ter o direito de obter drogas pesquisadas sob regime de IND de acesso ampliado.*
>
> *A existência da comissão, assim como a aprovação do AZT em tempo recorde, provam que o público pode influir.*

Quando esses grupos exerceram pressão, quando eles a chamaram a atenção da mídia, quando puseram a nu a inconsistência da argumentação do governo, as regras foram mudadas. Agora, um paciente que está morrendo de AIDS pode conseguir o que quiser. Já um paciente que está morrendo de câncer ainda pode ter recusados certos agentes terapêuticos por causa da situação burocrática da FDA. Os pacientes de AIDS se manifestaram e descobriram que há força nos números. Eu gostaria de que os pacientes de câncer se manifestassem da mesma forma. Levando em conta as décadas de pesquisa e os bilhões de dólares dos contribuintes despejados na pesquisa do câncer, está na hora de termos mais resultados visando as pessoas.

Meu desejo de resultados que visem as pessoas me levou a escrever este livro, para fornecer a informação ao público. Ao escrever, talvez eu tenha me precipitado um pouco no que diz respeito ao procedimento. Ainda não consegui realizar estudos aleatórios com seres humanos. Não tenho cinco anos de históricos médicos anedóticos. Não estou empenhado num projeto com orçamento multimilionário. O que tenho feito, eu creio, é descobrir algo que pode ser uma chave importante na salvação das vidas de milhões de pessoas, que do contrário iriam embora deixando inconformado um irmão ou irmã, pai ou mãe, marido ou esposa.

A informação contida neste livro é apenas um início. Os estudos são muito encorajadores, porém muito mais é preciso ser feito. De fato, eu acho que muito mais *deve* ser feito. Necessitamos saber toda a verdade, mas sem a pressão do público essa verdade pode demorar muito tempo a chegar.

Tendo agora mais mulheres no Congresso e com o crescente número de casos de câncer de mama, eu acredito que as mulheres bem podem vir a liderar o movimento para achar a verdade. Certamente, os resultados iniciais do estudo do Dr. Roscoe L. Van Zandt (ver página 117-118), no qual oito em oito pacientes com câncer de mama avançado tiveram reação impressionante à terapia com cartilagem de tubarão, devem ser esclarecedores. Acredito que isso pode fazer com que as mulheres rejeitem a atitude conveniente da medicina ortodoxa de achar que produtos integrais naturais não merecem estudos aprofundados.

Você também pode pressionar pela verdade. Você também tem dentro de si a possibilidade de passar adiante a informação deste livro, instigar outros a estudarem mais a fundo a cartilagem de tubarão, ajudar a garantir que o tratamento com cartilagem de tubarão não seja "arquivado" por um burocrata que simplesmente "cumpre ordens". Enfim, a responsabilidade por sua saúde está em suas mãos. Unindo nossas mãos nós podemos fazer as coisas mudarem.

Mais uma palavra

À medida que mais e mais pessoas ouvem falar sobre os benefícios potenciais da cartilagem de tubarão como tratamento e prevenção contra o câncer, a demanda comercial cresce rapidamente. Com maior cobertura pela mídia, dezenas de milhares de pessoas saíram apressadas para comprar produtos vendidos como cartilagem de tubarão. Embora nenhuma marca de produto tenha sido mencionada no bloco do programa 60 Minutes *que apresentou a cartilagem de tubarão, praticamente todo o produto hoje no mercado lança mão da frase "como apareceu no* 60 Minutes". *O fato é que todos os estudos iniciados por mim — e que foram comentados no* 60 Minutes — *foram realizados usando uma forma específica de cartilagem de tubarão. Meu trabalho inicial foi feito usando cartilagem de tubarão pura elaborada em minha cozinha, em quantidades limitadas. Desde que recebi minha primeira patente, eu só concedi permissão a uma empresa para fabricar a cartilagem. Essa cartilagem é produzida sob supervisão rigorosa a fim de manter a maior qualidade possível. Digo isso por uma razão específica. Se o meu trabalho tem de ser julgado com base no desempenho da cartilagem de tubarão, com toda certeza eu não quero ver pessoas usando produtos fantasiados como sendo minha cartilagem de tubarão.*

Levei anos planejando, testando e efetuando o desenvolvimento de um produto viável e seguro; só para aperfeiçoar a técnica de pulverização, gastei oito meses. Foram anos de trabalho pesado, estudos com animais e experiências clínicas, conforme registra este livro. Podem crer que eu fico boquiaberto, vendo que tantas firmas parecem ter conseguido em coisa de dias o que eu custei anos para fazer!

AVISO AOS CONSUMIDORES

O número de produtos que estão aparecendo, procedentes de muitos países —Japão, Nova Zelândia, Escandinávia e Austrália — está crescendo aos borbotões. Muitos desses produtos aludem ao programa 60 Minutes, a este livro, ou a mim. Uma empresa produziu um folheto intitulado Jaws of Life *(Mandíbulas de vida), no qual cita livremente parágrafos deste livro e de artigos da minha autoria. Nenhum desses produtos, porém, foi por mim autorizado, pelos produtores do* 60 Minutes *ou pela CBS. Se por um lado essas publicidades são enganosas, pela aprovação implícita, é mais preocupante que os produtos, oferecidos sob uma série de rótulos, possam ser adulterados, ineficazes e, talvez, até prejudiciais.*

Um dos exemplos mais reveladores de simplificações desencaminhadas na fabricação pode ser visto no processamento dos tubarões. Se você viu a reportagem do 60 Minutes, *talvez recorde as cenas que mostravam e comentavam o trabalho intensivo necessário à extração e limpeza da cartilagem de tubarão. A cartilagem deve ficar limpa de restos de carne, e deve ser branca, de modo que o cheiro, o sabor e as impurezas sejam mínimos e a atividade biológica intensa e concentrada. Para realizar a obtenção e limpeza da cartilagem sem elevar os custos a nível proibitivo, é preciso pescar tubarões em países onde eles são abundantes e onde a mão-de-obra é barata. Como podem fabricantes da Nova Zelândia e Austrália — países com custos de mão-de-obra dos mais caros do mundo — produzir um produto como esse? Como podem fabricantes do Japão e da Escandinávia produzir uma mercadoria como essa, com altos custos de mão-de-obra e águas frias que limitam a disponibilidade local de tubarões? Essas disparidades indicam que tem algo errado com produtos que pretendem ter pureza, alta qualidade e baixo preço.*

Além disso, a cartilagem de tubarão deve ser pulverizada com extremo cuidado para não tornar inativos os filamentos de proteína incrustados numa matriz de sais de cálcio e fósforo e mucopolissacarídeos. Pulverizar a matriz inativa é relativamente fácil; pulverizar os filamentos ativos de proteína simultaneamente e com efetividade, é mais difícil. A maioria das imitações tem abundância de matriz e quase absoluta falta de partículas de proteína ativa. Mesmo se houver partículas de proteína no produto, elas podem ter sido desnaturadas (tornadas inativas) pelo calor gerado em um processo de pulverização inadequado.

Um produto existente no mercado se proclama "cartilagem de tubarão melhorada". Este pretenso "extrato de cartilagem de tubarão" é feito no Japão, e seu fabricante reconheceu por escrito que o produto é 45% dextrina; em outras palavras, quase metade do produto é um derivado de açúcar, muito barato. Não tenho conhecimento de nenhuma evidência que respalde a afirmação de que a dextrina ou este produto diluído são "melhorados", ou sequer efetivos. Embora seja benéfico extrair alguns sais minerais (por exemplo, de cálcio e fósforo) da cartilagem de tubarão integral, substituí-los com açúcar é risível, se não inescrupuloso.

Uma clínica mexicana oferece um produto em pó ou como supositório. O Alternativas, *um conhecido boletim sobre saúde, levantou uma possível correlação entre este produto e graves perturbações intestinais. Um outro produto, comercializado por uma organização de* telemarketing, *afirma ser cartilagem de tubarão, embora seja amarelado em vez de branco. Por outro lado, esse produto tem cheiro e gosto horríveis. Alguns produtos tentam dissimular seu mau sabor e cheiro rançoso — que pode ser causado por resíduos de carne de tubarão podres ou impregnados de bactérias, aderidos à cartilagem incorretamente limpa — com o acréscimo de flavorizantes.*

SAIBA O QUE VOCÊ ESTÁ FAZENDO

Algumas pessoas desinformadas estão recomendando que os pacientes com câncer tomem de três a seis cápsulas de cartilagem ao dia, como tratamento. Depois da apresentação do 60 Minutes, *centenas de frascos de cápsulas com 50 ou 100 unidades foram vendidos. Conforme a pesquisa realizada até agora, um frasco com 100 cápsulas conteria aproximadamente a dose correspondente a um dia. É por isso que pacientes que participam das atuais experiências clínicas estão usando cartilagem de tubarão em pó. Embora eu não possua dados sobre doses preventivas, pessoalmente tomo 10 cápsulas de 740 miligramas de cartilagem de tubarão todos os dias. Confiamos em que no curso do próximo ano há de começar a pesquisa sobre usos preventivos da cartilagem de tubarão.*

As disparidades e confusões em torno da comercialização da cartilagem de tubarão me induziram a preparar esta inserção adicional a Tubarões não têm câncer. *Esses problemas também me convenceram da necessidade de um boletim que forneceria atualizações periódicas quanto à pesquisa sobre os usos mais efetivos da cartilagem de tubarão. As pessoas que desejarem ter seus nomes acrescentados à lista de endereçamento para a postagem deste boletim devem escrever para:*

Newsletter Updates
Information Services
P.O. Box 1061
Kerrville, Texas 78029

Glossário

Acne. Inflamação das glândulas sebáceas, caracterizada por espinhas na pele.
Adenocarcinoma. Tumor maligno que afeta uma glândula.
ADN. Ácido desoxirribonucléico; uma grande molécula de ácido nucléico que é portadora da informação genética, situada principalmente nos cromossomos.
Aflatoxina. Grupo de fatores carcinogênicos venenosos, de origem natural, produzidos por certos fungos de alimentos.
AIDS. Síndrome de imunodeficiência adquirida; doença do sistema que combate a infecção. Acredita-se que é causada pelo vírus HTLV-3, que é transmitido através da troca de fluidos corporais.
Alveolite mandibular. Moléstia da gengiva, extremamente dolorosa, que algumas vezes ocorre após extrações de dentes; também conhecida como "alvéolo seco".
Aminoácido. Composto orgânico necessário à formação de proteínas e peptídios, que são cadeias de aminoácidos. Alguns existem naturalmente no corpo, outros devem ser extraídos dos alimentos.
Ampolas de Lorenzini. Poros da pele na região da cabeça do tubarão que possuem células receptoras sensíveis a campos elétricos.
Analgésicos. Medicamentos que combatem a dor.
Angiogênese. Desenvolvimento de novos vasos sanguíneos.
Antiangiogênese. Inibição do desenvolvimento de novos vasos sanguíneos.
Anticoagulante. Substância que retarda ou impede a coagulação do sangue.
Anticorpo. Proteína formada no sangue como reação a certas substâncias, as quais ela ataca e destrói.
Antígeno. Substância estranha ao corpo que estimula a produção de anticorpos.
Apalpar. Examinar pelo tato.
Apatita. Mineral feito de cálcio e fosfato. Nos tubarões, ele reforça a cartilagem em pontos submetidos a esforço.

Artéria. Um dos grandes vasos sanguíneos que levam o sangue oxigenado para longe do coração.
Arteríolas. Pequenas artérias.
Artrite. Inflamação das articulações.
Artrite reumatóide. Doença inflamatória que afeta primeiramente as juntas do corpo.
Avascular. Sem vasos sanguíneos.
AZT. Medicação conhecida como zidovudina, antes chamada azidotimidina, a mais comumente usada contra a AIDS.
Benigno. Não maligno; inócuo.
Biópsia. Remoção do corpo e exame microscópico de pequena porção de tecido vivo.
Bovino. Pertencente a boi ou vaca.
Calcificação. Impregnação de tecidos do corpo com cálcio ou sais de cálcio, que ocasiona o endurecimento dos tecidos.
CAM. Membrana corioalantóica do pinto.
Câncer de célula escamosa. Carcinoma composto principalmente de células imaturas ou indiferenciadas sobre superfícies livres ou revestindo os vasos do sistema circulatório.
Câncer primário. O câncer original no corpo, quanto ao local e tipo.
Capacidade ventilatória. Capacidade pulmonar.
Capilares. Os menores vasos sanguíneos, nas extremidades do sistema circulatório, ligando arteríolas e vênulas.
Carcinógeno. Substância que produz câncer.
Carcinoma. Tumor maligno composto originalmente de células epiteliais.
Cartilagem. Tecido conetivo de sustentação de aparência porosa.
Cartilagem amarela. A cartilagem mais elástica. É encontrada no ouvido externo, na trompa de Eustáquio, na garganta, bem como em outros locais.
Cartilagem articular. A cartilagem das articulações.
Cartilagem hialina. Cartilagem elástica porosa que recobre finamente as extremidades móveis dos ossos, liga as costelas ao esterno e sustenta o nariz, a traquéia e partes da laringe. Este tipo de cartilagem está sujeita a endurecimento em pessoas idosas.
Células endoteliais. As células que constituem as paredes dos vasos sanguíneos.
Clasper. Modificação em forma de vara das nadadeiras pélvicas dos tubarões machos. É usada durante o acasalamento.
Colágeno. A principal proteína de sustentação do osso, da cartilagem e do tecido conetivo.
Condrócitos. Células da cartilagem.
Córnea. Estrutura transparente que cobre a lente do olho.
Corpo lúteo. Massa amarela que aparece no local de onde o óvulo saiu do ovário.
Corticóide. Hormônio produzido no córtex ad-renal, ou seja, a camada exterior da glândula supra-renal.
Degeneração macular. Condição na qual vasos sanguíneos vazam debaixo da área central da retina (a mácula), causando dano e cicatrização que finalmente acarreta cegueira.
Dentículos dérmicos. Pequenas escamas afiadas que cobrem a pele do tubarão.
Desnaturar. Mudar as características de uma proteína, aquecendo-a ou tratando-a com um agente químico de modo a diminuir ou eliminar algumas de suas propriedades originais.

Doença "degenerativa" da juntura femoropatelar. Deterioração das articulações do joelho e da coxa.
Drogas antiinflamatórias não-esteróides (NSAIDs). Medicamentos para combater a inflamação, que não contêm esteróides.
Edema. Inchaço de tecidos do corpo, que resulta de estarem cheios de líquido.
Elasmobrânquios. Tubarões e arraias; membros de uma subclasse da classe condrictes.
Embolia pulmonar. Quadro em que uma artéria do pulmão é bloqueada por material estranho, como ar, gordura, tecido tumoral ou coágulo sanguíneo.
Emplastro. Apósito adesivo contendo medicação que é colocado sobre a pele para que a medicação seja absorvida diretamente na pele.
Endotélio. A camada de células que reveste o coração e os vasos do sistema circulatório.
Endotélio capilar. Camada de células que reveste os capilares.
Enema de retenção. Procedimento pelo qual um líquido é introduzido no reto, mantido o tempo que for possível e depois é expelido.
Ensaio CAM. Um tipo de exame em que embriões de pinto recebem injeções de uma substância em teste e depois são examinados para determinar se ela inibe a vascularização (ver página 70).
Ensaio. Análise ou exame.
Enterite. Inflamação da superfície interna dos intestinos.
Enzima. Substância química produzida no corpo, que acelera ou provoca uma reação química.
Enzimas proteolíticas. Enzimas que participam da decomposição da proteína.
Epidemiologista. Pessoa que estuda causas, desenvolvimento e difusão das epidemias.
Estudo de teratogenicidade. Estudo que determina se uma substância testada, quando ministrada a animais ou pessoas em experiências, produz defeitos na descendência concebida depois que a substância foi ministrada.
Estudo de toxicidade. Estudo que determina se uma substância é tóxica.
Estudo *double-blind*. Estudo em que nem os pesquisadores nem os participantes sabem quem está e quem não está recebendo a substância em teste.
Experiência controlada. Estudo ou experimento organizado e dirigido, no qual são usados grupos de controle.
Experimento de pré-carga. Tipo de experimento em que a susbtância testada é administrada antes da introdução da condição adversa.
Fase de carga. Estágio do tratamento em que o paciente recebe doses gradativamente maiores da medicação ou substância testada, para permitir que o corpo se adapte e determinar se surge algum tipo de alergia.
Fase de manutenção. Estágio do tratamento em que o efeito desejado foi atingido e o paciente recebe doses estáveis da medicação ou substância testada a fim de manter o efeito.
Fator de necrose do tumor. Substância ou estado dentro das células que pode causar a morte do tumor.
Fibrocartilagem. A cartilagem encontrada entre os ossos da espinha. É o tipo mais forte de cartilagem e contém grande quantidade de fibras de colágeno.

GAG. Glicosaminoglican; um componente da pele e da cartilagem do tubarão.
Gelatinizar. Virar gelatina ou geléia.
Glaucoma neovascular. Glaucoma causado por neovascularização na borda da câmara que contém o humor aquoso. Glaucoma é uma pressão aumentada no globo ocular, que ocasiona defeitos no campo da visão.
Glioblastoma multiforme. Câncer cerebral ou da medula espinhal, de rápido crescimento, feito de células de glia (um tipo de nervo).
Grupo de controle. O grupo de animais ou pessoas num estudo que ficam sem tratamento e servem como padrão de comparação para avaliar os grupos tratados.
Guelras. Órgãos respiratórios dos peixes e outros animais aquáticos.
Hemangioma. Tumor benigno composto de uma bolsa ou massa de vasos sanguíneos que crescem continuamente.
Heparina. Um mucopolissacarídeo ácido que aumenta o tempo de coagulação do sangue sadio. Existe em diversos tecidos, em maior abundância no fígado.
Histerectomia. Remoção cirúrgica de todo o útero, ou parte dele.
Histologia. O estudo da anatomia minúscula; observação através do microscópio de células e tecidos normais e doentes.
Hodgkins. Doença maligna caracterizada por aumento progressivo de volume e inflamação de tecidos linfáticos, particularmente o baço.
Ictiólogo. Cientista que estuda os peixes.
Imunoglobulina. Uma proteína produzida nos animais, com atividade de anticorpo.
Imunossupresor. Substância que suprime a resposta imunizadora a um antígeno.
Infarto. Área de tecido morto ou danificado que resulta da falta de sangue no local afetado. Os infartos aparecem comumente no músculo cardíaco depois de ataques do coração.
In vitro. Em vidro; refere-se a experimentos realizados em tubos de ensaio, em vez de organismos vivos.
Isquêmico. Caracterizado pela perda de fornecimento de sangue, geralmente devido a algum dano aos vasos sanguíneos.
Laser. *"Light amplification by stimulated emission of radiation"* (Amplificação de luz por emissão estimulada de radiação); feixe de luz pura e poderosa, com a espessura de uma caneta, usado para transmitir sinais e cortar tudo, de tecidos do corpo a grossos metais.
Leito de capilares. Rede de capilares.
Lesão. Ferimento, machucado ou outra alteração no tecido do corpo.
Leucemia. Câncer dos tecidos formadores do sangue, que envolve desenvolvimento descontrolado de glóbulos brancos.
Linfoma. Qualquer crescimento anormal de tecido linfóide.
Linhagem da célula. A "linhagem familiar" de uma célula tumoral; células que são "progênie" da célula de um tumor específico.
Mácula lútea. Área da retina, próxima ao nervo óptico, que possui cones especiais sobre os quais as imagens devem ser focalizadas para que haja visão nítida.
Maligno. Refere-se a crescimento irrefreável que extermina os tecidos normais.
Manobra Heimlich. Método de emergência para desalojar um pedaço de alimento ou outro objeto da traquéia e evitar a sufocação.

Marcador de tumor. Substância no corpo que foi relacionada ao câncer mas não indica definidamente a existência de câncer.
Melanoma. Tumor da pele, de coloração escura, geralmente maligno.
Membrana corioalantóica. Membrana fetal formada por associação íntima ou fusão de outras duas membranas embrionárias (o córion e o alantóide).
Membrana nictitante. Membrana situada sob a pálpebra em muitos vertebrados, capaz de estender-se sobre o globo ocular.
Metais pesados. Metais com alto peso molecular ou grande número atômico.
Metastatizar. Espalhar por outros lugares do corpo.
Microvaso. Vaso sanguíneo muito pequeno, especificamente capilar ou vênula.
Mucopolissacarídeo. Qualquer dos carboidratos que contêm um aminoaçúcar e ácido urônico (um ácido do açúcar). Os mucopolissacarídeos têm efeito antiinflamatório.
Nadadeira da cauda. A cauda do tubarão.
Nadadeira dorsal. A grande nadadeira triangular sobre as costas do tubarão.
Nadadeiras peitorais. As grandes nadadeiras aos lados do corpo do tubarão, próximas à cabeça.
Necrose. Condição caracterizada pela morte de tecidos ou células do corpo que ainda estão no seu lugar e rodeados de tecido vivo.
Necrose hemorrágica. Processo no qual um tumor sangra por dentro, fica preto, seca e morre.
Neoplasma. Novo crescimento em tecidos do corpo; um tumor. Pode ser maligno ou benigno.
Neovascularização. Formação de novos vasos sanguíneos; sinônimo de "angiogênese".
Osteoartrite. Doença degenerativa da cartilagem articular.
Parenteral. "Fora do tubo gastrintestinal", como quando medicações são administradas por outras vias — não pela boca —; por exemplo, em forma endovenosa.
Peixes ósseos. Peixes que têm ossos, em lugar de simples cartilagem.
Peritoneal. Relativo ao peritônio, o interior do abdômen, mais especificamente a forte membrana que recobre o abdômen e ajuda a manter os órgãos internos no lugar.
Placa de Petri. Prato raso de vidro ou plástico com uma tampa sobreposta de encaixe folgado, usado para culturas bacterianas em lâmina e culturas de tecidos vegetais e animais.
Pré-vascular. Refere-se ao estado de uma área antes do desenvolvimento de vasos sanguíneos.
Profilático. Tendente a prevenir uma doença.
Prurido anal. Intensa coceira crônica na região anal, causada por moléstias como exantema, hemorróidas, oxiúros ou psoríase.
Psoríase. Moléstia da pele caracterizada por placas marrons avermelhadas que ficam cobertas com escamas brancas prateadas ou cinzentas, de pele morta, que finalmente caem.
Pulverizar. Moer até virar pó.
Radiografia esquelética. Uma imagem, geralmente feita por raios X, indicando onde se localiza uma substância radiativa.
Retina. Membrana que recobre o interior do globo ocular e está ligada ao cérebro através do nervo óptico.

Retinopatia diabética. Distúrbio do olho associado com o diabetes, no qual os pequenos vasos sanguíneos que percorrem a retina dilatam e estouram, deixando resíduos que geralmente impedem a visão.
Reumatologia. Estudo das doenças que causam inflamação em junturas, músculos ou tecido fibroso.
Sais de ouro. Composto de ouro usado no tratamento da artrite.
Salicilatos. Medicamentos feitos a partir de ácido salicílico. A aspirina é um salicilato.
Sarcoma. Tumor maligno do tecido conetivo.
Sarcoma de Kaposi. Uma forma de câncer em que células tumorosas de configuração irregular aderem às paredes de pequenos vasos sanguíneos.
Sinérgico. Efeito combinado que excede a soma de suas partes.
Sistema de linhas laterais. Uma série de canais sensoriais situados nas laterais da cabeça e do corpo do tubarão. Receptores piliformes localizados nos canais detectam vibrações, mudanças de pressão e ondas e movimentos na água. Usados para manter o equilíbrio e detectar sons.
Sonografia. Meio de diagnóstico que consiste em uma imagem do corpo feita através de ondas acústicas (som), transmitidas e refletidas.
Supositório. Medicação em forma de cone ou cilindro sólido que é colocado no reto, vagina ou uretra, onde derrete e libera o medicamento diretamente no sistema.
Suspensão aquosa. Método de administrar medicação em que o medicamento seco é misturado com água.
Tapete lúcido. Estrutura situada atrás da retina do olho do tubarão, composta de placas refletivas, que serve para acentuar a visão.
Tópico. Referente a uma área específica do corpo.
Trombose. Quadro em que um coágulo sanguíneo se desenvolve no interior de um vaso sanguíneo.
Tumor. Neoplasma; tecido novo feito de células que crescem de maneira descontrolada.
Tumor secundário. Tumor que não é o original no corpo.
Úlcera. Lesão na pele ou em membrana mucosa do corpo.
Úlcera duodenal. Úlcera no duodeno, que é a primeira parte do intestino delgado.
Úlcera péptica. Lesão na membrana mucosa do estômago ou outra parte do sistema digestivo; também conhecida como úlcera gástrica.
Vacina de vírus morto. Vírus morto ministrado oralmente ou por injeção, para estimular o organismo a desenvolver imunidade à infecção por esse vírus.
Vacina de vírus vivo. *Ver* Vacina de vírus vivo atenuado.
Vacina de vírus vivo atenuado. Vírus vivo enfraquecido ministrado oralmente ou por injeção para estimular o desenvolvimento de imunidade à infecção por esse vírus.
Vaginectomia. Remoção cirúrgica parcial ou total da vagina.
Vasculatura. Sistema de vasos sanguíneos; rede sanguínea.
Vênula. Pequena veia que recolhe sangue de um capilar.
Vertebrado. Animal que possui coluna vertebral.
Vértebras. Ossos ou segmentos cartilaginosos que compõem a coluna vertebral.
Xenoenxerto. Procedimento de transplante de tecido de um animal para outro de espécie diferente.

Bibliografia

Angiogênese

Azizkhan, Richard G., Dr.; Dra. Jane Clifford Azizkhan, Dr. Michael Klagsbrun; bacharéis em ciência: R. Clement Darling III e Evan Rochman; e Dr. Judah Folkman. "Uma subpopulação avascular de condrossarcoma apresenta limitado crescimento *in vivo* e é incapaz de estimular células endoteliais de capilares *in vitro*." *Surgical Forum* 32:424-426, 1981.

Blumberg, Neil. "Fator de angiogênese do tumor: especulações sobre uma abordagem da quimioterapia do câncer." *Yale Journal of Biology and Medicine* 47:71-81, 1974.

Blumenson, Leslie E., e Irwin D. J. Bross. "Um possível mecanismo para reforço de produção aumentada de fator angiogênico do tumor." *Growth* 40:205-209, 1976.

Brem, Henry, e Judah Folkman. "Inibição de angiogênese do tumor mediante cartilagem." *Journal of Experimental Medicine* 141:427-439, 1975.

Brown, Robert A.; Jacqueline B. Weiss; Ian W. Tomlinson; Paul Phillips e Shant Kumar. "Fator angiogênico do líquido sinovial assemelha-se ao dos tumores." *The Lancet*, 20 de março de 1980, págs. 682-685.

Chaudhury, Triptesh; Michael P. Lerner e Robert E. Nordquist. "Angiogênese por células de melanoma humano e câncer de mama." *Cancer Letters* 11:43-49, 1980.

Cohen, Samuel; Masae Tatematsu; Yoshitaka Shinohara; Keisuke Nakanishi e Nobuyuki Ito. "Neovascularização em ratos durante carcinogênese da bexiga urinária, induzida por N-[4-(5-Nitro-2-furil)-2-tiazolil]formamida." *Journal of the National Cancer Institute* 65:145-147, 1980.

Crim, Joe William, e Robert A. Huseby. "Eventos iniciais na vascularização de testículos de camundongo com um dia de vida implantados no coxim de gordura da glândula mamária inguinal: um estudo microscópico e auto-radiográfico." *Microvascular Research* 12:141-156, 1976.

Crum, Rosa; Sandor Szabo; e Judah Folkman. "Um novo tipo de esteróides inibe a angiogênese na presença de heparina ou de um fragmento de heparina." *Science* 230:1.375-1.378, 1985.

D'Amore, Patricia A., Dra. "Antiangiogênese como estratégia de antimetástase." *Seminars in Thrombosis and Hemostasis* 14:73-77, 1988.

D'Amore, Patricia, e Michael Klagsbrun. "Angiogênese: fatores e mecanismos" em *The Pathobiology of Neoplasia*, Alphonse E. Sirica, editor, Nova York; Plenum Publishing Corporation, 1989.

D'Amore, Patricia; Alicia Orlidge; e Ira M. Herman. "Controle do crescimento na microvasculatura retiniana" em *Progress in Retinal Research*, N. Osborne e J. Chader, editores, Nova York; Pergamon Press, 1988.

Eisenstein, Reuben, Dr.; Dr. Klaus E. Kuettner; bacharel em Ciência Carole Neapolitan; mestre em Ciência Lawrence W. Soble; e Dr. Nino Sorgente. "A resistência de certos tecidos à invasão." *American Journal of Pathology* 81:337-346, 1975.

Ferguson, J. W., e A. C. Smillie. "Vascularização de lesões pré-malignas em bolsa bucal de *hamster* tratada com carcinógeno." *Journal of the National Cancer Institute* 63, 1.383-1.391, 1979.

Folkman, Judah. "Antiangiogênese" em *Biologic Therapy of Cancer*, Dr. Vincent T. DeVita, Jr.; Dr. Samuel Hellman e Dr. Steven A. Rosenberg, editores, Filadélfia; J. B. Lippincott Company, 1991.

―――. "Angiogênese do tumor: um possível ponto de controle no crescimento do tumor." *Annals of Internal Medicine* 82:96-100, 1975.

―――. "Angiogênese do tumor: implicações terapêuticas." *The New England Journal of Medicine* 285:1.182-1.186, 1971.

―――. "A vascularização de tumores." *Scientific American* 234:59-73, 1976.

Folkman, Judah, e Michael Klagsbrun. "Fatores angiogênicos." *Science* 235:442-447, 1987.

Folkman, Judah; Robert Langer; Robert J. Lindhart; Christian Haudenschild e Stephanie Taylor. "Inibição de angiogênese e regressão de tumor causada por heparina ou fragmento de heparina na presença de cortisona." *Science* 221:719-725, 1983.

Folkman, Judah; Paul B. Weisz; Madeleine M. Joullie; William W. Li e William R. Ewing. "Controle da angiogênese com substitutos sintéticos da heparina." *Science* 243:1.490-1.493, 1989.

Gimbrone, Michael A., Jr.; Ramzi S. Cotran; Stephen B. Leapman e Judah Folkman. "Crescimento de tumores e neovascularização: um modelo experimental usando a córnea do coelho." *Journal of the National Cancer Institute* 52:413-427, 1974.

Goldsmith, Harry S., Dr.; Dr. Ann L. Griffith e Dr. Nicholas Catsimpoolas. "Fator angiogênico lipídio do omento." *Journal of the American Medical Association* 252:2.034-2.036, 1984.

Huseby, Robert A.; Clyde Currie; Vincent A. Lagerborg e Solomon Garb. "Angiogênese em torno e dentro de enxertos de tecido testicular normal: uma comparação com tecido neoplásico transplantado." *Microvascular Research* 10:396-413, 1975.

Jacobs, Maryce M.; Phillippe Shubik e Robert Feldman. "Influência do selênio na vascularização na bolsa bucal do *hamster*." *Cancer Letters* 9:353-357, 1980.

Knighton, David R.; Thomas K. Hunt; Heinz Scheuenstuhl; Betty J. Halliday; Zena Werb e Michael J. Banda. "Tensão de oxigênio regula expressão do fator de angiogênese por macrófagos." *Science* 221:1.283-1.285, 1983.

Kull, Frederick C., Jr.; David A. Brent; Indu Parikh e Pedro Cuatrecasas. "Identificação química de um fator angiogênico derivado de tumor." *Science* 236:843-846, 1987.

Kyozo, Tsukamoto, e Yukio Sugino. "Atividade de angiogênese em tumor em células clonais transformadas por adenovírus bovino Tipo 3." *Cancer Research* 39:1.305-1.309, 1979.

Langer, Robert; H. Conn; J. Vacanti; C. Handenschild e Judah Folkman. "Controle de crescimento de tumores em animais por infusão de um inibidor da angiogênese." *Proceedings of the National Academy of Sciences* 77:4.431-4.335, 1980.

Lee, Anne, e Robert Langer. "Cartilagem de tubarão contém inibidores da angiogênese dos tumores." *Science* 221:1.185-1.187, 1983.

Lee, Kan-ei; Erdal Ertuk; Robert Mayer e Abraham T. K. Cockett. "Eficácia de quimioterapia antitumor em camundongos C3H, acentuada pelo esteróide da antiangiogênese, acetato de cortisona." *Cancer Research* 47:5.021-5.024, 1987.

Mahadevan, Viswanath; Ian R. Hart e Graham P. Lewis. "Fatores que influenciam a provisão de sangue em granuloma de ferimento, quantificado por meio de nova técnica *in vivo*." *Cancer Research* 49:415-419, 1989.

Maione, Theodore E.; Gary S. Gray; Joan Petro; Anthony J. Hunt; Amy L. Donner; Susan I. Bauer; Helen F. Carson e Richard J. Sharpe. "Inibição da angiogênese por fator-4 plaquetário recombinante humano e peptídios relacionados." *Science* 247:77-79, 1990.

Maiorana, Antonio, e Pietro M. Gullion. "Aquisição de capacidade angiogênica e transformação neoplásica na glândula mamária do rato." *Cancer Research* 38:4.409-4.414, 1978.

Marx, Jean L. "Pesquisa sobre angiogênese atinge a maioridade." *Science* 236:23-24, 1987.

Maugh, Thomas H., II. "Inibidores de angiogênese vinculam muitas doenças." *Science* 212:1.373-1.375, 1981.

McAuslan, B. R., e W. Reilly. "Migração e proliferação de células induzidas pelo selênio: relevância da angiogênese e microangiopatia." *Microvascular Research* 32;112-120, 1986.

Moses, Marsha A.; Judith Sudhalter e Robert Langer. "Identificação de um inibidor da neovascularização extraído da cartilagem." *Science* 248:1.408-1.410, 1990.

"Neovascularização e seu papel no processo osteoartrítico." *Annals of the Reheumatic Diseases* 47:881-885, 1988.

Oikawa, H.; H. Ashino-Fuse; M. Shimamura; U. Koide e T. Iwaguchi. "Um novo inibidor angiogênico derivado da cartilagem de tubarão japonês (I). Extração e estimação de atividades inibitórias com respeito à angiogênese do tumor e embriônica." *Cancer Letters* 51:181-186, 1990.

Phillips, Paul, e Shant Kumar. "Fator de angiogênese do tumor (TAF) e sua neutralização por um anti-soro xenogenéico." *International Journal of Cancer* 28:82-88, 1979.

Phillips, Paul; James K. Steward e Shant Kumar. "Fator de angiogênese do tumor (TAF) em tumores humanos e animais." *International Journal of Cancer* 17:540-558, 1976.

"Descoberta de proteína: Induzidor de vaso sanguíneo é isolado, clonado." *Chemical and Engeneering News,* 30 de setembro de 1985, págs. 6-7.

Robertson, Nancy E.; Carolyn M. Discafani; Elizabeth C. Downs; Judith A. Hailey; Olga Sarre; Robert I. Runkle, Jr.; Thomas L. Popper e Marian L. Plunkett. "Modelo quantitativo de camundongo *in vivo,* usado para ensaiar inibidores da angiogênese induzida por tumores." *Cancer Research* 51:1.339-1.344, 1991.

Schreiber, Alain B.; Marjorie E. Winkler e Rik Derynck. "Transformando o fator-alfa de crescimento: um mediador angiogênico mais potente que o fator de crescimento epidérmico." *Science* 232:1.250-1.253, 1986.

Sidky, Younan A., e Ernest C. Borden. "Inibição de angiogênese por interferon. Efeitos em respostas vasculares induzidas por tumor e linfócitos." *Cancer Research* 47:5.155-5.161, 1987.

Tamargo, Rafael J.; Robert A. Bok e Henry Brem. "Inibição da angiogênese por minociclina." *Cancer Research* 51:672-675, 1991.

Tatematsu, Masae; Samuel M. Cohen; Shoji Fukushima; Tomoyuki Shirai; Yoshitaka Shinohara e Nobiyuki Ito. "Neovascularização em lesões epiteliais proliferativas benignas e malignas da bexiga urinária do rato, observada *in situ* por microscopia de elétron explorador e auto-radiografia." *Cancer Research* 38:1.792-1.800, 1978.

Thompson, John A.; Kathryn D. Anderson; Judith M. DiPietro; James A. Zwiebel; Massimo Zametta; W. French Anderson e Thomas Maciag. "Formação neovascular orientada *in vivo." Science* 241:1.349-1.352, 1988.

Trapper, David, Dr.; Robert Langer, doutor em ciência; Dr. A. Robert Bellows, Dr. Judah Folkman. "Capacidade de angiogênese como elemento de diagnóstico para tumores do olho humano." *Surgery* 86:36-40, 1979.

Warner, T. F. C. S., e R. G. Krueger. "Angiogênese perineural em camundongos portadores de tumores subcutâneos." *British Journal of Experimental Pathology* 59:282-287, 1978.

Wolff, J. R.; Ch. Goerz; Th. Bar e F. H. Guldner. "Aspectos morfogênicos comuns de vários padrões microvasculares organotípicos." *Microvascular Research* 10:373-395, 1975.

Artrite

Griffin, Marie R., Dra., mestre em Saúde Pública; Dr. Wayne A. Ray e Dr. William Schaffner. "Uso de droga antiinflamatória não-esteróide e morte por úlcera péptica em pessoas idosas." *Annals of Internal Medicine,* setembro de 1988.

"Neovascularização e seu papel no processo osteoartrítico." *Annals of the Rheumatic Diseases* 47:881-885, 1988.

Prudden, John F., e Leslie L. Balassa. "Atividade biológica de preparações de cartilagem bovina." *Seminars in Arthritis and Rheumatism* 3:287-321, 1974.

Rejholee, V. "Estudos de longo prazo do drogas antiosteoartríticas: uma avaliação." *Seminars in Arthritis and Rheumatism* 17:35-63, 1987.

Roth, Sanford H., Dr. "Drogas antiinflamatórias não-esteróides: gastropatia, mortes e prática médica." *Annals of Internal Medicine* 109:353-354, 1988.

Câncer

Abramson, Maxwell, Dr.; Dr. Cheng-Chun Huang; Dr. Robinson Schilling; e bacharel em Ciência Ronald G. Salome. "Atividade de colagenose da cavidade oral e laringe." *Annals of Otolaryngology* 84:158-163, 1975.

Algire, G. H., e H. W. Chalkley. "Reações vasculares de tecidos normais e malignos *in vivo*." *Journal of the National Cancer Institute* 6:73-85, 1945.

Andrews, Edmund L. "Patentes: tratamento de tumores feito a partir de tubarões." *The New York Times*, 15 de fevereiro de 1992.

Blumberg, Neil. "Fator de angiogênese do tumor: Especulações sobre um enfoque da quimioterapia do câncer." *Yale Journal of Biology and Medicine* 47:71-81, 1974.

Brem, Henry, e Judah Folkman. "Inibição de angiogênese do tumor mediante cartilagem." *Journal of Experimental Medicine* 141:427-439, 1975.

"Pode a cartilagem de tubarão deter o avanço de tumores cancerosos?" *Industry Week*, 1º de abril de 1991.

Chaudhury, Triptesh; Michael P. Lerner e Robert E. Nordquist. "Angiogênese por células de melanoma humano e câncer de mama." *Cancer Letters* 11:43-49, 1980.

Cohen, Samuel; Masae Tatematsu; Yoshitaka Shinohara; Keisuke Nakanishi e Nobuyuki Ito. "Neovascularização em ratos durante carcinogênese da bexiga urinária induzida por N-[4-(5-Nitro-2-furil)-2-tiazolil]formamida." *Journal of the National Cancer Institute* 65:145-147, 1980.

D'Amore, Patricia, Dra. "Antiangiogênese como estratégia para antimetástase." *Seminars in Thrombosis and Hemostasis* 14:73-77, 1988.

Dresden, Marc H.; Stephen A. Heilman e Jimmy D. Schmidt. "Enzimas colagenolíticas em neoplasmas humanos." *Cancer Research* 32:993-996, 1972.

Durie, Brian G. M.; Barbara Soehnlen e John F. Prudden. "Atividade antitumor do extrato da cartilagem bovina (Catrix-S) no ensaio de linhagem de célula de tumor humano." *Journal of Biological Response Modifiers* 4:590-595, 1985.

Ferguson, J. W., e A. C. Smillie. "Vascularização de lesões pré-malignas em bolsa bucal de *hamster* tratada com carcinógeno." *Jornal of the National Cancer Institute* 63:1.383-1.391, 1979.

Fink, John M. *Third Opinion: An International Directory to Alternative Therapy Centers for the Treatment and Prevention of Cancer and Other Degenerative Diseases*. 2ª edição. Garden City Park, NY; Avery Publishing Group, 1992.

"Pescando por uma cura do câncer." *Discover*, setembro de 1988.

Folkman, Judah. "Como é regulado o crescimento do vaso sanguíneo em tecido normal e neoplásico? — G.H.A Clowes Memorial Lecture." *Cancer Research* 46:467-473, 1986.

———. "Angiogênese do tumor: uma possível situação de controle no crescimento do tumor." *Annals of Internal Medicine* 82:96-100, 1975.

———. "Angiogênese do tumor: implicações terapêuticas." *The New England Journal of Medicine* 285:1.182-1.186, 1971

———. "A vascularização de tumores." *Scientific American* 234:5.973, 1976.

Folkman, Judah; Robert Langer; Robert J. Linhardt; Christian Haudenschild e Stephanie Taylor. "Inibição de angiogênese e regressão do tumor causada por heparina ou fragmento de heparina na presença de cortisona." *Science* 221:719-725, 1983.

Gimbrone, Michael A., Jr.; Ramzi S. Cotran; Stephen B. Leapman e Judah Folkman. "Crescimento do tumor e neovascularização: um modelo experimental usando córnea de coelho." *Journal of the National Cancer Institute* 52:413-427, 1974.

Heuson, Jean-Claude; Jean-Lambert Pasteels; Nicole Legros; Jeanine Heuson-Stiennon e Guy Leclercq. "Atividade da enzima colagenolítica dependente do estradiol, em cultura em órgão de longo prazo de câncer de mama humano." *Cancer Research* 35:2.039-2.048, 1975.

Huseby, Robert A.; Clyde Currie; Vincent A. Legerborg e Solomon Garb. "Angiogênese em torno e dentro de enxertos de tecido testicular normal: uma comparação com tecido neoplásico transplantado." *Microvascular Research* 10:396-413, 1975.

Kolata, Gina. "Hormônio poderoso vai ser testado na guerra para prevenir o câncer de mama." *The New York Times*, 18 de setembro de 1991.

Kumar, Pat; Annalaura Erroi; A. Sattar e S. Kumar. "Corpos Weibel-Palade como marcador para a neovascularização induzida por fatores de angiogênese do tumor e reumatóide." *Cancer Research* 45:4.339-4.348, 1985.

Kyozo, Tsukamoto, e Yukio Sugino. "Atividade de angiogênese do tumor em células clonais transformadas por adenovírus bovino Tipo 3." *Cancer Research* 39:1.305-1.309, 1979.

Lane, I. W., Dr., e Dr. E. Contreras, Jr. "Alta taxa de bioatividade (redução no tamanho bruto do tumor) observada em pacientes com câncer avançado tratados com material de cartilagem de tubarão." *Journal of Naturopathic Medicine* 3:86-88, 1992.

Langer, R.; H. Brem; K. Falterman; M. Klein e J. Folkman. "Isolamento de um fator da cartilagem que inibe a neovascularização do tumor." *Science* 193:70-72, 1976.

Langer, Robert; H. Conn; J. Vacanti; C. Handenschild e Judah Folkman. "Controle do crescimento de tumores em animais por infusão de um inibidor da angiogênese." *Proceedings of the National Academy of Sciences* 77:4.331-4.335, 1980.

Lazlo, John, Dr. *Understanding Cancer.* Nova York, Harper and Row Publishers, 1987.

Nicosia, Roberto F.; Ruy Tchao e Joseph Leighton. "Difusão de tumor dependente de angiogênese em cultura de coágulo de fibrina reforçada." *Cancer Research* 43:2159-2.166, 1983.

Palca, Joseph. "Sarcoma de Kaposi abre-se para frentes decisivas." *Science* 255:1.352-1.354, 1992.

Pauli, Bendicht U., Dr. em medicina veterinária; Dr. Vincent A. Memoli e Dr. Klaus E. Kuettner. "Controle de invasão tumorosa por fator antiinvasor derivado de cartilagem, *in vitro*." *Journal of the National Cancer Institute* 67:65-73, 1981.

Phillips, Paul, and Shant Kumar. "Fator de angiogênese do tumor (TAF) e sua neutralização por um anti-soro xenogenéico." *International Journal of Cancer* 23:82-88, 1979.

Phillips, Paul: James Steward e Shant Kumar. "Fator de angiogênese do tumor (TAF) em tumores humanos e animais." *International Journal of Cancer* 17:549-558, 1976.

Poole, A. R., e D. C. Williams. "Efeito *in vivo* de um tumor maligno invasivo de rato sobre a cartilagem." *Nature* 214:1.342-1.343, 1967.

Prudden, John F. "O tratamento do câncer humano com agentes preparados a partir de cartilagem bovina." *Journal of Biological Response Modifiers* 4:551-584, 1985.

Renneker, Mark, editor. *Understanding Cancer*. Palo Alto, CA; Bull Publishing Company, 1988.

Sadove, Alan Michael, Dr., e Dr. Klaus E. Kuettner "Inibição da invasividade do carcinoma mamário com inibidor derivado de cartilagem." *Surgical Forum* 28:499-501, 1977.

Sidky, Younan A., e Ernest C. Borden. "Inibição da angiogênese por interferons: efeitos nas respostas vasculares induzidas por tumor e linfócito." *Cancer Research* 47:5.155-5.161, 1987.

Simone, Charles B., Dr. *Cancer and Nutrition: A Ten-Point Plan to Reduce Your Risk of Getting Cancer.* Garden City Park, NY; Avery Publishing Group, 1992.

"Barrando o avanço do câncer." *Alternatives for the Health Conscious Individual* 4:25-28, 1991.

Tatematsu, Masae; Samuel M. Cohen; Shoji Fukushima; Tomoyuki Shirai; Yoshitaka Shinohara e Nobuyuki Ito. "Neovascularização em lesões proliferativas benignas e malignas da bexiga urinária do rato, observada *in situ* por microscopia de elétron explorador e auto-radiografia." *Cancer Research* 38:1.792-1.800, 1978.

Trapper, David, Dr.; Dr. em ciência Robert Langer; Dr. Robert Bellows e Dr. Judah Folkman. "Capacidade de angiogênese como indicação de diagnóstico para tumores do olho humano." *Surgery* 86:36-40, 1979.

Walker, Morton, D. P. M. "Efeitos terapêuticos da cartilagem de tubarão." *Townsend Letter for Doctors*, junho de 1989.

———. "Por que a cartilagem de tubarão triunfaria contra o câncer e outras patologias." *Townsend Letter for Doctors,* novembro de 1991.

Warner, T. F. C. S., e R. G. Krueger. "Angiogênese perineural em camundongos portadores de tumores subcutâneos." *British Journal of Experimental Pathology* 59:282-287, 1978.

Weidner, Noel, Dr.; Dr. Joseph P. Semple, Dr. William R. Welch e Dr. Judah Folkman. "Angiogênese do tumor e metástase — Correlação no carcinoma invasivo de mama." *New England Journal of Medicine* 324:1-8, 1991.

Cartilagem

Abramson, Maxwell, Dr.; Dr. Cheng-Chun Huang e Dr. Robinson Schilling; bacharel em ciência Ronald G. Salome. "Atividade da colagenose da cavidade oral e laringe." *Annals of Otolaryngology* 84:158-163, 1975.

Brem, Henry, e Judah Folkman. "Inibição da angiogênese do tumor mediante cartilagem." *Journal of Experimental Medicine* 141:427-439, 1975.

"Pode a cartilagem de tubarão deter o avanço dos tumores cancerosos?" *Industry Week*, 1º de abril de 1991.

Caplan, Arnold I. "Cartilagem." *Scientific American* 251:84-94, 1984.

Cherry, Laurence. "Pele artificial: do conceito à criação." *Reader's Digest*, setembro de 1983.

Dresden, Marc H.; Stephen A. Heilman e Jimmy D. Schmidt. "Enzimas colagenolíticas em neoplasmas humanos." *Cancer Research* 32:993-996, 1972.

Eisenstein, Reuben, Dr.; Dr. Klaus E. Kuettner; bacharel em ciência Carole Neapolitan; mestre em ciência Lawrence W. Soble, e Dr. Nino Sorgente. "A resistência de certos tecidos à invasão." *American Journal of Pathology* 73:765-774, 1973.

Heuson, Jean-Claude; Jean-Lambert Pasteels; Nicole Legros; Jeanine Heuson-Stiennon e Guy Leclercq. "Atividade da enzima colagenolítica dependente do estradiol, em cultura em órgão de longo prazo de câncer de mama humano." *Cancer Research* 35:2.039-2.048, 1975.

Irving, J. T., e J. D. Heeley. "O efeito do tratamento enzimático na reabsorção de implantes escapulares." *Calcareous Tissue Research* 5:64-69, 1970.

Kuettner, Klaus E.; Harold Guenther e Robert D. Ray. "Lisozima em cartilagem pré-óssea." *Calcareous Tissue Research* 1:298-305, 1968.

Kuettner, Klaus E.; Judith Hiti; Reuben Eisenstein e Elvin Harper. "Inibição da colagenose por proteínas catiônicas derivadas da cartilagem e da aorta." *Biochemical and Biophysical Research Communications* 72:40-46, 1976.

Lane, I. W., Dr., e Dr. E. Contreras, Jr. "Alta taxa de bioatividade (redução no tamanho bruto do tumor) observada en pacientes com câncer avançado tratados com material de cartilagem de tubarão." *Journal of Naturopathic Medicine* 3:86-88, 1992.

Lane, I. William, bacharel em ciência, master em ciência, Dr. "O potencial médico da cartilagem de tubarão." *The Natural Health Magazine*, outubro de 1991.

―――. "Cartilagem de tubarão: suas aplicações médicas potenciais." *Journal of Advancement in Medicine* 4:263-271, 1991.

Langer, R.; H. Brem; K. Falterman; M. Klein e J. Folkman. "Isolamento de um fator da cartilagem que inibe a neovascularização do tumor." *Science* 193:70-72, 1976.

Lee, Anne, e Robert Langer. "Cartilagem de tubarão contém inibidores da angiogênese dos tumores." *Science* 221:1.185-1.187, 1983.

Lindenbaum, Arthur, e Klaus E. Kuettner. "Mucopolissacarídeos e mucoproteínas da escápula do bezerro." *Calcareous Tissue Research* 1:153-165, 1967.

Moses, Marsha A.; Judith Sudhalter e Robert Langer. "Identificação de um inibidor da neovascularização extraído da cartilagem." *Science* 248:1.408-1.410, 1990.

Oikawa, H.; H. Ashino-Fuse; M. Shimamura; U. Koide e T. Iwaguchi. "Um novo inibidor angiogênico derivado de cartilagem de tubarão japonês (I). Extração e estimação de atividades inibitórias com respeito à angiogênese do tumor e embriônica." *Cancer Letters* 51:181-186, 1990.

Pauli, Bendicht U., Dr. em medicina veterinária; Dr. Vincent A. Memoli e Dr. Klaus E. Kuettner. "Controle de invasão tumorosa por fator antiinvasor derivado de cartilagem, *in vitro*." *Journal of the National Cancer Institute* 67:65-73, 1981.

Poole, A. R., e D. C. Williams. "Efeito *in vivo* de um tumor maligno invasivo de rato sobre a cartilagem." *Nature* 214:1.342-1.343, 1967.

Prudden, John F. "O tratamento do câncer humano com agentes preparados a partir de cartilagem bovina." *Journal of Biological Response Modifiers* 4:551-584, 1985.

Rosen, J.; W. T. Sherman; J. F. Prudden e G. J. Thorbecke. "Efeitos imunorreguladores do Catrix." *Journal of Biological Response Modifiers* 7:498-512, 1988.

Sadove, Alan Michael, Dr., e Dr. Klaus E. Kuettner. "Inibição da invasividade do carcinoma mamário com inibidor derivado de cartilagem." *Surgical Forum* 28:499-501, 1977.

Sakamoto, Seizaburo; Masako Sakamoto; Paul Goldhaber e Melvin Glimcher. "A inibição da colagenose no osso do camundongo por meio de lisozima." *Calcareous Tissue Research* 14:291-299, 1974.

"Barrando o avanço do câncer." *Alternatives for the Health Conscious Individual* 4:25-28, 1991.

Walker, Morton, D.P.M. "Efeitos terapêuticos da cartilagem de tubarão." *Townsend Letter for Doctors*, junho de 1989.

———. "Por que a cartilagem de tubarão triunfaria contra o câncer e outras patologias." *Townsend Letter for Doctors*, novembro de 1991.

Tubarões

Brown, Theodore W. *Sharks: The Silent Savages*. Boston: Little Brown and Company, 1973.

Budker, P. *The Life of Sharks*. Londres; Weidenfeld and Nicholson, 1971.

Castro, José I. *The Sharks of North American Waters*. College Station: Texas A and M University Press, 1983.

Clark, E. "Tubarões magníficos e incompreendidos." *National Geographic* 160:13-83, 1981.

Cousteau, Jacques-Yves, e Phillippe Cousteau. *The Shark: Splendid Savage of the Sea*. Garden City, NY: Doubleday and Company, 1970.

Ellis, Richard, e John McCosker. "Qual será o destino do grande tubarão-branco?" *Audubon*, setembro-outubro de 1991.

Lineaweaver, Thomas H., III, e Richard H. Backus. *The Natural History of Sharks*. Filadélfia e Nova York: J. P. Lippincott Company, 1970.

Springer, Victor, e Joy P. Gold. *Sharks in Question: The Smithsonian Answer Book*. Washington, DC; Smithsonian Institution, 1989.

Vietmeyer, Noel. "O maior peixe da Terra." *Reader's Digest*, julho de 1988.

Miscelânea

Brown, Ronald. *Lasers: Tools of Modern Technology*. Garden City, NY: Doubleday and Company, 1968.

DiMasi, Joseph, Dr.; Dr. Ronald Hansen, Dr. Henry G. Grabowski e Dr. Lewis Lasagna. "Custo de invenção na indústria farmaceutica." *Journal of Health Economics* 10:107-142, 1991.

"Cumprimento da ata de alimentos, medicamentos e cosméticos." FDA Consumer Memo, DHEW publicação n° (FDA) 74-1.018, 1974.

"Políticas de recolhimento da FDA." FDA Consumer Memo, DHEW publicação n° (FDA) 79-1.064, 1979.

Fettner, Ann Giudici, e Dr. William A. Check. *The Truth About AIDS: Evolution of an Epidemic*. Nova York: Holt, Rinehart and Winston, 1984.

Garrett, Laurie. "A luta em torno da política de medicamentos da FDA." *Newsday*, 14 de fevereiro de 1989, Seção Discovery, Parte III, pág. 1.

Hinds, Michael deCourcy. "Apressando a revisão de medicamentos na FDA." *The New York Times*, 22 de setembro de 1982.

Lasagna, Louis, Dr.; Dr. Theodore Cooper, Dra. Gertrude Elion, Dr. Emil Frei III, Dr. Samuel Hellman, Peter Barton Hutt (mestre em leis), Dr. Charles Leighton, Dr. Thomas C. Merigan, Jr., Dr. Henry C. Pitot e Dr. Elliott H. Stonehill. "Relatório final da Comissão Nacional de Revisão de Procedimentos Atuais para Aprovação de Novos Medicamentos contra Câncer e AIDS." Relatório inédito do Grupo de Câncer do Presidente, Programa Nacional de Câncer, Instituto Nacional do Câncer, 15 de agosto de 1990.

Laurence, Clifford L. *The Laser Book: A New Technology of Light*. Nova York: Prentice Hall Press, 1986.

Mayer, Ken, Dr., e Hank Pizer. *The AIDS Fact Book*. Toronto: Bantam Boks, 1983.

Patrusky, Ben. *The Laser: Light That Never Was Before*. Nova York: Dodd, Mead and Company, 1966.

"Política de importação de medicamentos não-aprovados contra a AIDS para uso pessoal." FDA Talk Paper T88-51, 1988, 27 de julho de 1988.

U.S., Office of Techonology Assessment (Departamento de Avaliação de Tecnologia) *Assessing the Efficacy and Safety of Medical Technologies*. PB 286/929 (1978).

United States Patent Number 5.075.112, 24 de dezembro de 1991.

Weiss, Rick. "Biomedicina: erradicando uma causa importante de cegueira." *Science News* 138:207, 1990.

Williams, Greer. *Virus Hunters*. Nova York: Alfred A. Knopf, 1960.

Sobre os autores

Dr. I. William Lane é bacharel e mestre em agricultura na área de Ciência da Nutrição, formado pela Universidade Cornell. Fez seu doutorado em Bioquímica Agrícola e Nutrição na Universidade Rutgers. Como pesquisador, estudou e trabalhou com dois ganhadores de prêmio Nobel: Dr. James B. Sumner (ganhador em 1946) e Dr. Selman A. Waksman (ganhador em 1952).

Entrando para a área de pesquisa industrial, o Dr. Lane trabalhou primeiro em nutrição de aves, com Frank Perdue e Donald Tyson. Da formulação de rações para aves, ele passou para a produção de peixe. Voltando-se para a área de administração, Dr. Lane entra para a W. R. Grace & Company, como vice-presidente, chefiando a Divisão de Recursos Marinhos, com plantas instaladas no Peru, Chile, Brasil, Canadá e Estados Unidos.

Após uma década de sucesso na área de administração, o Dr. Lane foi indicado pelo então presidente Ronald Reagan como conselheiro de recursos na Guiné, nação recentemente surgida. Ao retornar dessa missão, torna-se consultor independente especializado em recursos marinhos. Entre seus clientes estiveram o Departamento de Estado dos Estados Unidos, o xá do Irã, o governo de Marrocos e a Taiyo, a maior empresa pesqueira do Japão. Nos últimos 10 anos, o Dr. Lane tem concentrado seu interesse nos benefícios da cartilagem de tubarão como agente curativo.

Linda Comac bacharelou-se e tornou-se mestre em inglês pela Universidade da Cidade de Nova York. Ela tem lecionado inglês, jornalismo e escrita criativa há mais de 20 anos. Como escritora *freelance*, seus artigos têm aparecido em muitos jornais e publicações. Tendo perdido vários amigos por causa do câncer, a Sra. Comac tem interesse muito pessoal na doença, compartilhado com seu esposo, um bioquímico que vem realizando pesquisa sobre câncer em diversos hospitais da cidade de Nova York por quase 20 anos.

Este livro foi composto na tipologia
American Garamond em corpo 12/13 e
impresso em papel Offset 75g/m² no
Sistema Cameron da Divisão Gráfica da
Distribuidora Record.

Se estiver interessado em receber sem
compromisso, *grátis* e pelo correio, notícias sobre os
novos lançamentos da Record e ofertas
especiais dos nossos livros, escreva para

**RP Record
Caixa Postal 23.052
Rio de Janeiro, RJ – CEP 20922-970,**

dando seu nome e endereço completos,
para efetuarmos sua inclusão imediata no
cadastro de *Leitores Preferenciais*.
Seja bem-vindo.
Válido somente no Brasil.